Angela Kunow

Anreizsteuerung unter Berücksichtigung von Lernkurveneffekten

GABLER EDITION WISSENSCHAFT

Hallesche Schriften zur Betriebswirtschaft
Band 20

Diese Schriftenreihe soll als Forum für wissenschaftliche Arbeiten der neugegründeten und 1993 wiedereröffneten Wirtschaftswissenschaftlichen Fakultät der Martin-Luther-Universität Halle-Wittenberg auf dem Gebiet der Betriebswirtschaftslehre dienen. Die zahlreichen betriebswirtschaftlichen Professuren wollen mit der Herausgabe dieser Halleschen Schriften zur Betriebswirtschaft das breite Spektrum ihrer wissenschaftlichen Arbeitsgebiete dokumentieren. Die Publikationen umfassen insbesondere betriebswirtschaftliche Dissertationen und sonstige ausgewählte wissenschaftliche Arbeiten der halleschen Fakultätsmitglieder.

Angela Kunow

Anreizsteuerung unter Berücksichtigung von Lernkurveneffekten

Mit einem Geleitwort von Prof. Dr. Christoph Weiser

Deutscher Universitäts-Verlag

Bibliografische Information Der Deutschen Nationalbibliothek
Die Deutsche Nationalbibliothek verzeichnet diese Publikation in der Deutschen Nationalbibliografie; detaillierte bibliografische Daten sind im Internet über <http://dnb.d-nb.de> abrufbar.

Dissertation Universität Halle-Wittenberg, 2006

1. Auflage September 2006

Lektorat: Brigitte Siegel / Stefanie Loyal

Der Deutsche Universitäts-Verlag ist ein Unternehmen von Springer Science+Business Media.
www.duv.de

Umschlaggestaltung: Regine Zimmer, Dipl.-Designerin, Frankfurt/Main
Druck und Buchbinder: Rosch-Buch, Scheßlitz
Gedruckt auf säurefreiem und chlorfrei gebleichtem Papier
Printed in Germany

ISBN-10 3-8350-0510-3
ISBN-13 978-3-8350-0510-5

Geleitwort

Im Rahmen der Behandlung von Verhaltensinterdependenzen stehen in Ansätzen der Institutionenökonomik die Beziehungen zwischen einem Prinzipalen und einem Agenten im Mittelpunkt. In einem Vertrag wird die durchzuführende Aufgabe beschrieben und ein Anreizsystem aufgestellt, das sichert, dass der Agent im Sinne des Prinzipalen handelt. In betriebswirtschaftlichen Fragestellungen zeigen sich derartige Beziehungen zwischen allen Hierarchieebenen einer Organisation. Dem zur Seite stehen empirische Erkenntnisse der sich entlang der kumuliert produzierten Menge verbessernden Produktivität der Mitarbeiter in Bezug auf repetitive Tätigkeiten. Dieses in Literatur und Praxis als Lernkurve bekannte Phänomen findet seine Behandlung auch in zahlreichen psychologischen Studien zur Erforschung der Ursachen dieser fast schon als Gesetzmäßigkeit angesehenen Entwicklung über die Zeit. Eine von der Problemstellung getriebene Forschung wird demnach sowohl in deskriptiv wie normativ orientierten Ansätzen anstreben diese Entwicklungsdynamik zu integrieren.

An diesem nicht ausreichend beleuchteten Aspekt der Prinzipal-Agent-Theorie setzt die Verfasserin an. Sie integriert Veränderungen der Charaktereigenschaften des Agenten in ein dynamisches mathematisches Modell, um zu analysieren, inwiefern die Produktivitätssteigerungen im Zeitverlauf Einfluss auf die Vertragsgestaltung nehmen. In dieser Umsetzung zeigt sie eine sehr bedeutende Erweiterung der bestehenden Theorie auf. Im Ergebnis zeigt sich, dass dynamische Einflüsse in den Untersuchungen nicht vernachlässigt werden dürfen und ihre Einbeziehung zu einer Annäherung an in der Praxis existierenden Problemstellungen führt.

So gesehen hat die Verfasserin eine theoretisch interessante und bisher nicht bearbeitete und empirisch bedeutsame wie in den praktischen Empfehlungen noch nicht diskutierte Problemstellung aufgegriffen. Sie hat ein eigenes Modell formuliert, dessen Optimalitätsbedingungen interpretiert und dessen Grenzen ausgewiesen. Um nicht an den Grenzen der mathematischen Analyse stehen zu bleiben und auch Ergebnisse für eine praktische

Perspektive abzuleiten hat sie sich der numerischen Optimierung bedient, aus deren Ergebnissen sich normative Erkenntnisse aufzeigen lassen.

Es sind ihr dabei interessante Erkenntnisse gelungen, die über den Stand der bisherigen Ansätze hinausgehen, und die einen wichtigen Beitrag zu einer dynamische Theorie liefern.

Prof. Dr. Christoph Weiser

Vorwort

Die vorliegende Arbeit entstand während meiner Tätigkeit als wissenschaftliche Mitarbeiterin an der Wirtschaftswissenschaftlichen Fakultät der Martin-Luther-Universität Halle-Wittenberg und wurde dort 2006 als Dissertation angenommen.

Mein besonderer Dank gilt meinem Erstgutachter Prof. Dr. Ch. Weiser, der diese Arbeit betreute und mir in zahlreichen Diskussionen immer neue Anregungen gab. Ohne seine Unterstützung wäre die Dissertaion in dieser Form nicht entstanden. Ebenso möchte ich mich bei meinem Zweitgutachter Prof. Dr. W. Grecksch für die mathematische Betreuung bedanken. Trotz seiner Tätigkeit als Rektor fand er immer die Zeit zur Erörterung schwieriger Problemstellungen.

Desweiteren danke ich meinen Kollegen am Lehrstuhl für Internes Rechnungswesen und Controlling. Zunächst gilt mein Dank hier Anja Laue für die kritische und gründliche Durchsicht der Arbeit. Für den fachlichen Dialog und ihre Unterstützung danke ich Dr. Stephanie Hanrath und Mark Wappler. Nicht zuletzt möchte ich mich bei unserer Sekretärin Frau Kerstin Allendorf bedanken, die mir in administrativen Dingen stets zwei Schritte voraus war.

Mein besonderer Dank gilt meinem Mann Ronny Kunow, der mich auch in schwierigen Zeiten immer wieder zu dieser Arbeit ermutigt hat. Er war mir stets hilfreicher Zuhörer und eine helfende Hand. Meinen Eltern danke ich für ihre uneingeschränkte Unterstützung meiner Ausbildung und insbesondere der letzten Phase der Dissertaion, in der sie immer ein Quell der Ruhe für mich waren. Schließlich möchte ich mich bei meinem Bruder Matthias für unsere Diskussion über die Kunst des Fensterkittens bedanken, der ich die Idee zur Integration der Lernkurventheorie in die Prinzipal-Agent-Problematik verdanke.

Angela Kunow

Inhaltsverzeichnis

Abbildungsverzeichnis

1 Einleitung

Die Auswirkungen von Übungseffekten auf Qualität und Geschwindigkeit eines Produktionsprozesses wurden erstmals von *Wright* in betriebswirtschaftliche Problemstellungen integriert. Während seiner Tätigkeit für die Wright-Patterson Air Force Base beobachtete er erstmals 1922, dass die Kosten pro hergestelltem Flugzeug mit der Erhöhung der kumuliert hergestellten Menge sanken. Diese Erkenntnis wurde 1936 aus Anlass einer Ausschreibung des Bureau of Air Commerce über den Bau von 10.000 zweisitzigen Flugzeugen zu je 700 Dollar veröffentlicht.[1]
Die von *Wright* formulierte Gesetzmäßigkeit führte zu einer Vielzahl von Untersuchungen, die die von ihm formulierte Lernkurve in einer großen Zahl unterschiedlicher Unternehmen zum Teil bestätigten, zum Teil aber auch um wichtige Komponenten ergänzten.[2] Die Lernkurve wurde aus diesem Grund als wichtiges Instrument der strategischen Planung angesehen.[3]

Trotz ihrer breiten empirischen Basis ist nur wenig über die Ursachen des Kostenrückgangs durch Übung bekannt. Einen wichtigen Aspekt stellt dabei der Rückgang der Bearbeitungszeit pro Mengeneinheit der Ausführenden dar.[4] Mit dessen Ursachen befassen sich die Theorien des kognitiven Fertigkeitserwerbs, innerhalb derer eine der Lernkurve nach Wright (1936) sehr ähnliche Potenzfunktion als Gesetzmäßigkeit bezeichnet wird.[5]

All diesen Ansätzen ist gemein, dass die Verringerung der Bearbeitungszeit durch Übung lediglich als potenziell angesehen wird. Wie dieses Potenzial in einen realen Kostenrückgang zu überführen ist, und in welchem Ausmaß dies für ein Unternehmen sinnvoll ist, blieb bisher ungeklärt. Da diese Fragestellung die Beziehungen zwischen Arbeitgebern und Arbeitnehmern berührt, ist sie in das Grundmodell der Prinzipal-Agent-Theorie einzuordnen.

---

1 Vgl. Wright (1936).
2 Für einen Überblick über diese Untersuchungen vgl. unter anderem Asher (1956), Yelle (1979), Schneider (1965), Dar-El (2000).
3 Vgl. Schneider (1965), Baur (1967), Hieber (1991), Dar-El (2000).
4 Vgl. Wright (1936), Henfling (1978) und Dar-El (2000).
5 Vgl. Logan (1988), S. 495.

Diese Theorie beschreibt die Verhaltensinterdependenzen, die auf Grund unterschiedlicher Zielstellungen zwischen einem Auftraggeber (Prinzipal) und einem Auftragnehmer (Agent) bestehen. Die durch die Delegation von Aufgaben an einen Agenten entstehende Informationsasymmetrie kann von diesem zur Verwirklichung eigener Zielsetzungen zu Ungunsten des Prinzipalen genutzt werden. Dies weitestgehend durch eine optimale Vertragsgestaltung zu steuern, ist Aufgabe der Prinzipal-Agent-Theorie.

Die Betrachtung dieser Anreizproblematik erfolgte in der Literatur zunächst anhand statischer Modelle, um später auch dynamische Problemstellungen zu behandeln. Zwar wird von einigen Autoren[6] darauf verwiesen, dass Agenten auf Grund unterschiedlicher „Talente“ ihre Aufgaben innerhalb einer vertraglichen Beziehung mit einer von ihrer Person abhängigen Produktivität ausüben. Eine Veränderung dieses Faktors durch Übungseffekte des Agenten und die daraus resultierende optimale Vertragsgestaltung wurde in der Literatur bisher jedoch nicht untersucht.

Zielsetzung dieser Arbeit ist es deshalb, mit Hilfe einer deduktiven Analyse zu untersuchen, wie eine solche optimale Vertragsgestaltung unter Berücksichtigung von Übungseffekten des Agenten zu erfolgen hat. Diese Übungseffekte sollen mit Hilfe der kognitiven Theorien des Fertigkeitserwerbs modelliert werden, die im Bereich der Ausübung kognitiver Tätigkeiten ein breites Maß an Zustimmung bezüglich der Modellierung des Rückganges der Bearbeitungszeit durch Übung erhalten haben.[7]

Ausgehend von dieser Problemstellung sollen zunächst verschiedene betriebswirtschaftliche Modelle des Kostenrückgangs durch Übung vorgestellt werden. Auf Grund ihrer Fülle erfolgt hier eine Beschränkung auf die in der Literatur immer wieder beschriebenen Ansätze nach *Wright*, des *Stanford-Research-Instituts*, der konvexen Lernkurve, der S-förmigen Lernkurve nach *Baur* und der Lernkurve nach *Levy*.
Daran anschließend werden verschiedene Theorien des kognitiven Fertigkeitserwerbs als einer Ursache des Kostenrückgangs durch Übung erläutert. Dazu erfolgt ihre Einbettung in Theorien des Menschlichen Problemlösens als Teilgebiet der Allgemeinen Psychologie. Weiter werden verschiedene Ansätze der statischen und dynamischen Prinzipal-Agent-Theorie dargestellt und es wird untersucht, inwieweit sie zur Lösung von Verhaltensinterdependenzen unter Berücksichtigung von Lernkurveneffekten beitragen können.
Zur Modellierung von Übungseffekten im Rahmen der Prinzipal-Agent-Theorie wird ein aus dem Potenzgesetz der Übung und dem Lernkurvenmodell nach *DeJong* ermittelter

---

6 Vgl. Holmstrøm (1999) und Blickle-Liebersbach (1989).

7 Vgl. Newell und Simon (1972), Anderson (1996), Haider und Kluwe (1994), Delaney u. a. (1998), Haider und Frensch (2002), Logan (1988), Palmeri (1997) und Rickard (1997).

Produktivitätsparameter η eingeführt und in das LEN-Modell nach *Spremann* integriert. Im Rahmen einer zunächst komparativ-statischen Analyse werden die Auswirkungen der bisherigen Erfahrung eines Agenten auf dessen optimale Entlohnung, Arbeitseinsatz und Output aufgezeigt. Dabei treten deutliche Unterschiede zwischen geübten und ungeübten Agenten auf.

Weiter wird analysiert, wie ein Prinzipal in mehrperiodigen Prinzipal-Agent-Beziehungen den Arbeitseinsatz des Agenten steuern kann, um mit Hilfe des erreichten Übungsfortschritts die aus der Vertragsbeziehung resultierenden Überschüsse zu erhöhen. Dieses Problem wird zunächst anhand eines zweiperiodigen Modells analysiert und für verschiedene Parameterkonstellationen gelöst. Dabei zeigt sich deutlich die Einbeziehung mehrperiodiger Konsequenzen in die Optimierungsüberlegungen des Prinzipalen. Abschließend wird eine dynamisch-stetige Prinzipal-Agent-Beziehung mit festem Endzeitpunkt untersucht. Auf Grund der mangelnden Lösbarkeit dieses Optimierungsproblems können hier jedoch nur qualitative Aussagen zur Lösung des Optimierungsproblems getroffen werden.

2 Das Lernkurvenkonzept

Das Lernkurvenkonzept besagt im Wesentlichen, dass bei Verdoppelung der kumuliert hergestellten Ausbringungsmenge bestimmte Kostengrößen um einen konstanten Prozentsatz zurückgehen.[1] Diese Gesetzmäßigkeit wurde 1936 erstmals von *Wright*[2] publiziert.[3] Er nannte mehrere Kostensenkungspotentiale. Neben einer kostensparenden Konstruktionsweise ist dies vor allem der *„Effect of Quantity“*, der Effekt der kumuliert hergestellten Menge.[4] Sie hat nach *Wright* Einfluss auf die Arbeits-, Material- und Gemeinkosten pro hergestellter Mengeneinheit. Den Kostenrückgang F beschreibt er anhand der kumulierten Ausbringungsmenge mittels

$$F = n^{-b}, \tag{2.1}$$

wobei b einen geeigneten Parameterwert annimmt. *Wright* nennt in seiner Veröffentlichung beispielhaft $b = 0.322$.[5] Dies entspricht bei Verdoppelung der kumuliert hergestellten Ausbringungsmenge einem Rückgang der Kosten pro hergestellter Mengeneinheit auf achtzig Prozent.

Die an *Wright* anschließenden Arbeiten befassen sich mit der Lernkurve als Instrument der Kostenkontrolle.[6] Dies war die Folge der Suche nach präzisen Zeit- und Kostenschätzungen zum Bau von Flugzeugen und Schiffen während des zweiten Weltkrieges durch die US-Regierung.[7] Die resultierenden Arbeiten befassen sich mit alternativen Lernkurvenverläufen[8], Parameterschätzproblemen[9], Produktionsplanung[10], dem Einfluss der kumuliert hergestellten Menge auf die Produktqualität[11] sowie der Modellierung der Auswirkung von Produktionsunterbrechungen auf die Kosten pro hergestellter Mengenein-

1 Vgl. dazu unter anderem Yelle (1979), Hieber (1991) und Dar-El (2000).
2 Vgl. Wright (1936).
3 Vgl. Wright (1936), S. 122.
4 Vgl. Wright (1936), S. 124.
5 Vgl. Wright (1936), S. 124.
6 Vgl. für einen Überblick etwa Arrow (1962), Alchian (1963) und Asher (1956).
7 Vgl. Hieber (1991), S. 19.
8 Vgl. DeJong (1957), Baloff (1971), Levy (1965) und Cochran (1960).
9 Vgl. etwa Globerson und Gold (1997), Chen und Manes (1991) und Bailey und McIntyre (1997).
10 Vgl. Allwood und Lee (2004), Kantor und Zangwill (1991), Dinopoulus u. a. (1995) und Werkmeister (2000).
11 Vgl. Ittner u. a. (2001), Lapre u. a. (2000), Fine (1988).

heit[12]. In der deutschsprachigen Literatur findet die Lernkurve erstmals bei *Schneider*[13] Erwähnung, der in ihr die empirische Begründung für die Formulierung einer dynamischen Kostentheorie sieht. Weitere deutschsprachige Zusammenfassungen verschiedener Lernkurvenverläufe wurden etwa von *Baur*[14], *Henfling*[15] und *Hieber*[16] veröffentlicht.

2.1 Betriebliches Lernen

Henfling versteht unter Lernen in der industriellen Produktion in Anlehnung an den systemtheoretischen Ansatz einen dynamischen Prozess der Verwertung von Informationen zur quantitativen und qualitativen Umgestaltung von betrieblichen Strukturen und Prozessen.[17] Er unterscheidet dabei nach dem Träger des betrieblichen Lernens in individuelle und kollektive Lernprozesse.

2.1.1 Individuelles betriebliches Lernen

Individuelles betriebliches Lernen findet in Unternehmen dann statt, wenn die Ausführenden im Laufe des Produktionsprozesses ihre Effizienz durch ständige Wiederholungen steigern können.[18] Das Ausmaß des individuellen Lernens wird nach *Dar-El* durch vorherige Erfahrung, Training, Motivation, die Komplexität der zu bearbeitenden Aufgabe, die Anzahl der bisher durchgeführten Wiederholungen der Aufgabe und durch Produktionsunterbrechungen beeinflusst.[19] Die persönlichen Lernkurven der Ausführenden, welche sich der gleichen Tätigkeit widmen, können sich stark unterscheiden.[20] Die psychologischen Ursachen des Zustandekommens individuellen Lernens werden in Kapitel 3 ausführlich diskutiert. Dort zeigt sich die enge Verknüpfung des individuellen Lernens mit der Lernkurventheorie. Aus diesem Grunde soll auf das individuelle Lernen dort eingegangen werden.

2.1.2 Organisationales Lernen

Nach *Staehle* ist organisationales Lernen „eine Veränderung von Wissensbeständen der ganzen Organistation".[21] Diese Art des Lernens kann in Form inkrementeller Anpassung

12 Vgl. Bailey (1989) und Arzi und Shtub (1997).
13 Vgl. Schneider (1965).
14 Vgl. Baur (1967).
15 Vgl. Henfling (1978).
16 Vgl. Hieber (1991).
17 Vgl. Henfling (1978), S. 20.
18 Vgl. Henfling (1978), S. 21.
19 Vgl. Dar-El (2000), S. 12.
20 Vgl. Dar-El (2000), S. 12.
21 Staehle (1999), S. 915.

an die Umweltbedingungen (adaptives Lernen), als Vergleich von Handlungsergebnissen mit den erwarteten Resultaten und der daraus gegebenenfalls folgenden Findung neuer Interpretationsschemata (Assumption Sharing) sowie als Erweiterung des Wissens über Beziehungen zwischen den Handlungen einer Organisation und den Handlungsergebnissen (Development of Knowledge Base) verstanden werden.[22] Das adaptive Lernen bezeichnet die inkrementelle Anpassung des Unternehmens an veränderte Umweltbedingungen in Hinblick auf die Ziele des Unternehmens, die relevanten Segmente des Unternehmensumfeldes sowie eine Änderung des Problemlösungsverhaltens.

Weiter kann zwischen Single-Loop-Learning, Double-Loop-Learning und Deutero-Learning unterschieden werden. Unter dem ersten Begriff wird in Analogie zum adaptiven Lernen eine schrittweise Anpassung an die Umweltbedingungen des Unternehmens verstanden.[23] Das Abweichen von Soll- und Ist-Werten führt hier zu einer Überprüfung der betrieblichen Aktivitäten. Das Double-Loop-Learning geht noch weiter und überprüft sich ändernde Umweltbedingungen. Gegebenenfalls werden anschließend Normen und Werte des Unternehmens an die veränderten Umweltbedingungen angepasst. Hier erfolgt somit eine Prämissenkontrolle. Die dritte Art des betrieblichen Lernens, das Deutero-Learning, befasst sich mit der Verbesserung der Lernfähigkeit einer Organisation selbst.[24]

2.2 Betriebliche Lernkurvenmodelle

Seit der erstmaligen Veröffentlichung über Beobachtungen eines Kostenrückgangs durch Übung von *Wright*[25] entstand eine Vielzahl von Hypothesen über Art und Ursachen dieses Phänomens.[26] Der Aufbau eines deterministischen Erklärungsmodells scheitert jedoch an der Unmöglichkeit, sämtliche Randbedingungen und Formen des Lernens, die in den Kostenrückgang durch Übung eingehen, exakt zu spezifizieren.[27] Folglich beruht die Lernkurventheorie auf der statistischen Auswertung empirisch gewonnener Daten und der Formulierung logisch-deduktiver Aussagensysteme.[28] Im Folgenden werden verschiedene derartige Lernkurvenmodelle vorgestellt.

---

22 Vgl. Staehle (1999), S. 915 f. und Pawlowsky (1992), S. 205, Abb. 1.
23 Vgl. Pawlowsky (1992), S. 206 f.
24 Vgl. Pawlowsky (1992), S. 209.
25 Vgl. Wright (1936).
26 Vgl. für umfassende Darstellungen Dar-El (2000), Belkaoui (1986), Hieber (1991) und Henfling (1978).
27 Vgl. Henfling (1978), S. 55 f. und Hieber (1991), S. 34.
28 Vgl. Hieber (1991), S. 34

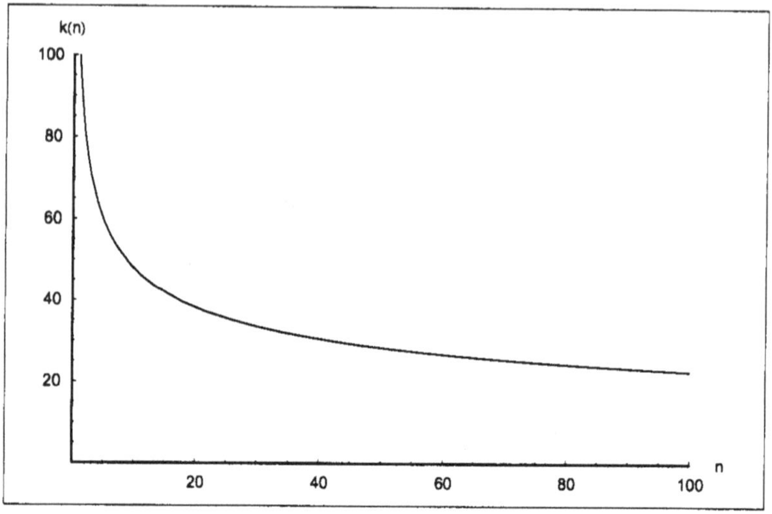

Abbildung 2.1: Die Lernkurve nach *Wright* im kartesischen Koordinatensystem für $b = 0,322$.
Quelle: eigene Darstellung.

2.2.1 Die Linearhypothese nach *Wright*

Im Rahmen der Linearhypothese wird angenommen, dass der Kostenrückgang durch Übung bei Verdoppelung der kumuliert hergestellten Ausbringungsmenge durch einen konstanten Prozentsatz angegeben werden kann.[29] Dieser Kostenrückgang wird auch als Lerngrad bezeichnet. Die dazugehörige Kostenfunktion hat die Form

$$k(n) = k_2 \cdot n^{-b} \tag{2.2}$$

wobei $0 < b \leq 1$ als Lernparameter bezeichnet wird, k_2 eine geeignete Konstante ist und $k(n)$ die Kosteninformation der n-ten Einheit bezeichnet.[30] Ein solcher Kostenrückgang wird beispielhaft in Abbildung 2.1 dargestellt. Die Potenzfunktion (2.2) wird als Linearhypothese bezeichnet, da sie sich äquivalent zu

$$\log k(n) = \log k_2 - b \log n \tag{2.3}$$

[29] Vgl. Schneider (1965), S. 504.

[30] Die Funktion $k(n)$ wird in der Literatur für die durchschnittlichen Stückkosten oder die zusätzlichen Kosten der n-ten Einheit verwendet. Auf die Diskussion zur Verwendung von $k(n)$ wird im Folgenden näher eingegangen.

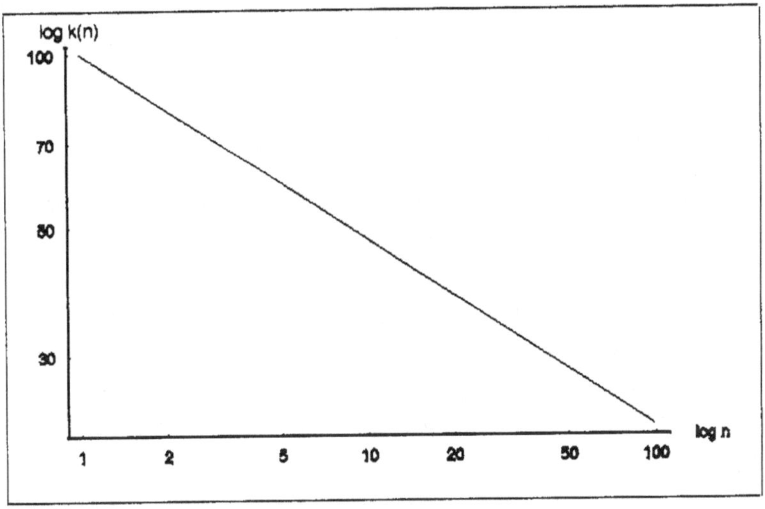

Abbildung 2.2: Die Lernkurve nach *Wright* im doppelt-logarithmischen Koordinatensystem für $b = 0,322$.
Quelle: eigene Darstellung

umformen lässt und somit in einem doppelt-logarithmischen Koordinatensystem durch eine Gerade abgebildet werden kann. Dies wird für $b = 0,322$ in Abbildung 2.2 dargestellt.

Wright führte zunächst einen Kostenänderungsfaktor F mit

$$F(n) = n^{-b} \tag{2.4}$$

ein, welcher beschreibt, wie sich die Kosten der n-ten Einheit im Vergleich zur ersten Einheit ändern. Setzt man

$$F(n) = \frac{k(n)}{k_2}, \tag{2.5}$$

so resultiert die Linearhypothese der Lernkurve. F wird auch als Lernrate bezeichnet und gibt für $n = 2$ an, auf wieviel Prozent der Kosten der n-ten Einheit die Kosten pro Mengeneinheit bei Verdoppelung der kumuliert hergestellten Ausbringungsmenge sinken. Sollten an Hand von Kostenschätzungen nur die Werte $F(n)$ und $F(2n)$ bekannt sein, so kann daraus mittels

$$r = \frac{F(2n)}{F(n)} = 2^{-b} \tag{2.6}$$

der Parameter b durch $b = \log_2 r$ bestimmt werden.

Über Art und Umfang der in die Untersuchung einbezogenen Kosten macht *Wright* keine eindeutigen Angaben. So wird nicht klar, ob für seine Untersuchungen Grenz- oder Durchschnittskosten verwendet wurden. Zwar stellt er in einer Abbildung[31] den Kostenrückgang als *„Approximate Cost of the Last Machine of a Series“*[32] dar, in weiteren Abbildungen[33] wird F jedoch als *„Average Cost Ratio“*[34] bezeichnet. Auf Unterschiede in beiden Bezeichnungen wird in Abschnitt 2.2.1.2 näher eingegangen.

Weiter schreibt *Wright*, dass dieser Kostenrückgang sowohl für die Gemeinkosten als auch die Material- und Lohnkosten genauso wie für die Herstellung des gesamten Flugzeuges gilt.[35] Diese Behauptung ist aus mehreren Gründen widersprüchlich. Zum Einen sind die Aussagen über die Gemeinkostenentwicklung umstritten.[36] Zum Anderen ist es mathematisch unmöglich, dass die Kostenrückgänge der Gemeinkosten, der Materialkosten und der Lohnkosten sowohl separat als auch in ihrer Summe als Rückgang der gesamten Kosten eines Flugzeuges einer Potenzfunktion genügen, wenn die dazu gehörigen Lernparameter nicht übereinstimmen. Eine solche Übereinstimmung wurde selbst von *Wright* abgelehnt.[37]

Ein weiterer Nachteil der Linearhypothese nach *Wright* ist die Konvergenz der Kostengröße gegen null, wenn eine genügend hohe Ausbringungsmenge hergestellt wird. Dies zu überkommen, haben sich die in Abschnitt 2.2.2 vorzustellenden Ansätze zur Aufgabe gemacht.

Zunächst soll jedoch untersucht werden, welche Kostengrößen gemäß dem Ansatz nach *Wright* einer Lernkurve unterliegen. Wie bereits dargelegt wurde, macht *Wright* in seinem Ansatz nicht deutlich, ob seinen Schätzungen Durchschnitts- oder Stückkosten zu Grunde liegen. Im Folgenden wird deshalb dargelegt, wodurch sich beide Ansätze unterscheiden. Weiter wird untersucht, ob der Nachweis des Vorliegens einer Lernkurve für eine der beiden Kostengrößen im Widerspruch zum Vorliegen dieser Gesetzmäßigkeit für die jeweils andere Kostengröße steht.

2.2.1.1 Die Stückkostenbetrachtung

Bei dieser Form der Lernkurvenbetrachtung wird unterstellt, dass die Stückkosten der n-ten hergestellten Einheit

$$k^S(n) = k_2^S \cdot n^{-b} \tag{2.7}$$

31 Vgl. Wright (1936), S. 122, Abbildung 2.
32 Wright (1936), S. 122, Abbildung 2.
33 Vgl. Wright (1936), S. 125, Abbildungen 3 und 4.
34 Wright (1936), S. 125, Abbildungen 3 und 4.
35 Vgl. Wright (1936), S. 124 ff.
36 Vgl. Asher (1956), S. 116 ff.; Schneider (1965), S. 503 f.
37 Vgl. Wright (1936), S. 125 f.

betragen. Vielfach wird diese Form der Lernkurve auf *Crawford* zurückgeführt[38], obwohl einige Autoren[39] die Meinung vertreten, sie wurde erstmals von *Wright* formuliert. Wie bereits dargelegt wurde, kann dies auf Grund der nicht eindeutigen Darstellung von *Wright* nicht abschließend entschieden werden.

Aus dieser Lernkurve lassen sich verschiedene Kostengrößen ableiten. So können die Gesamtkosten zur Herstellung der ersten n Einheiten mittels eines uneigentlichen Integrals durch

$$K^S(N) = \int_0^n k_2^S \cdot n^{-b} = \frac{k_2^S}{1-b} n^{1-b} \tag{2.8}$$

berechnet werden, die durchschnittlichen Kosten pro Mengeneinheit betragen

$$\frac{K^S(n)}{n} = \frac{1}{n} \cdot \frac{k_2^S}{1-b} n^{1-b} = \frac{k_2^S}{1-b} n^{-b}. \tag{2.9}$$

Diese Größen können als Kostenschätzung für die betriebliche Planung genutzt werden. Aus ihnen lassen sich eine Reihe weiterer relevanter Kostengrößen wie etwa die Kosten von Zusatzaufträgen ableiten.[40]

2.2.1.2 Die Durchschnittskostenbetrachtung

Die Durchschnittskostenbetrachtung geht von der Hypothese aus, dass sich die Durchschnittskosten zur Herstellung der n-ten Einheit gemäß

$$k^D(n) = k_2^D \cdot n^{-b} \tag{2.10}$$

verhalten. Trotz der formalen Gleichheit unterscheidet sich dieser Ansatz von der Stückkostenbetrachtung. Hier werden die Gesamtkosten zur Herstellung der ersten n Einheiten mittels

$$K^D(n) = (k_2^D \cdot n^{-b}) \cdot n = k_2^D \cdot n^{1-b} \tag{2.11}$$

bestimmt, die Stückkosten der Herstellung der n-ten Mengeneinheit können als erste Ableitung der Gesamtkostenfunktion durch

$$k^S(n) = k_2^D \cdot (1-b)\, n^{-b} \tag{2.12}$$

angegeben werden.

---

38 Dies unterstellen u. a. Schneider (1965), Henfling (1978), Hieber (1991) und Waterworth (2000).

39 Vgl. Baur (1967), Weiser (1996).

40 Vgl. dazu Hieber (1991), S. 63.

Insbesondere durch Gleichung (2.12) wird deutlich, dass die Ähnlichkeit beider Konzepte über formale Strukturen hinausgeht. Setzt man $k_2^S \equiv k_2^D(1-b)$, so wird die Äquivalenz beider Systeme deutlich. Kostenverläufe, die in der Stückkostenbetrachtung einer Lernkurve genügen, tun dies auch in der Durchschnittskostenbetrachtung. Die jeweiligen Lernkurvenverläufe unterscheiden sich nur um den Faktor $(1-b)$.
Bei der Anwendung der Lernkurve auf Probleme der betrieblichen Planung ist jedoch genau zu unterscheiden, ob zur Schätzung des Parameters k_2 die Einheits- oder die Durchschnittsbetrachtung verwendet wurde, da ansonsten die Gefahr besteht, Kostenschätzungen auf Basis des jeweils anderen Modells durchzuführen.[41]

2.2.2 *Modifikationen der Linearhypothese*

Die Formulierung der Linearhypothese nach *Wright* lässt Raum für zahlreiche Modifikationen.[42] So konvergiert etwa die klassische Lernkurve für sehr große kumuliert hergestellte Mengen gegen Stückkosten von null. Dies konnte empirisch jedoch oftmals nicht bestätigt werden.[43] Weiter berücksichtigte *Wright* bei seiner Linearitätsannahme des Lernens auch nicht, dass vor Beginn der Produktion bereits Erfahrung aus der Herstellung ähnlicher Produkte bestehen kann. Diese Nachteile zu überkommen, haben sich die im Folgenden vorzustellenden Ansätze zur Aufgabe gemacht.

2.2.2.1 *Die Lernkurve des Stanford-Research-Instituts*

Das *Stanford-Research-Institut* konnte im Rahmen einer von der amerikanischen Luftwaffe in Auftrag gegebenen Studie feststellen, dass bisherige Erfahrungswerte der Belegschaft das Lernverhalten beeinflussen.[44] Aus diesem Grund wird eine Modifikation der Lernkurve zu

$$k(n) = k_2\,(n+c)^{-b} \tag{2.13}$$

vorgeschlagen. Der Parameter c misst dabei die vor Beginn des Produktionsprozesses vorhandene Erfahrung. Das *Stanford-Research-Institut* nennt Werte von null bis 10,4 für c. Diese Lernkurve wird in Abbildung 2.3 beispielhaft dargestellt und hat, wie in Abbildung 2.4 ersichtlich, in einem doppelt-logarithmischen Koordinatensystem einen konkavfallenden Verlauf, der sich der Lernkurve nach *Wright* asymptotisch annähert.

---

41 Henfling (1978), Hieber (1991) und Waterworth (2000) weisen in ihren Arbeiten mit Nachdruck darauf hin, dass zu unterscheiden ist, auf Basis welcher Daten die zu Grunde liegende Lernkurve ermittelt wurde.

42 Vgl. zu zusammenfassenden Darstellungen etwa Yelle (1979), Schneider (1965), Coenenberg (1970) und Dar-El (2000).

43 Vgl. unter anderem Baloff (1971), Baur (1967), Dar-El (2000).

44 Vgl. Asher (1956).

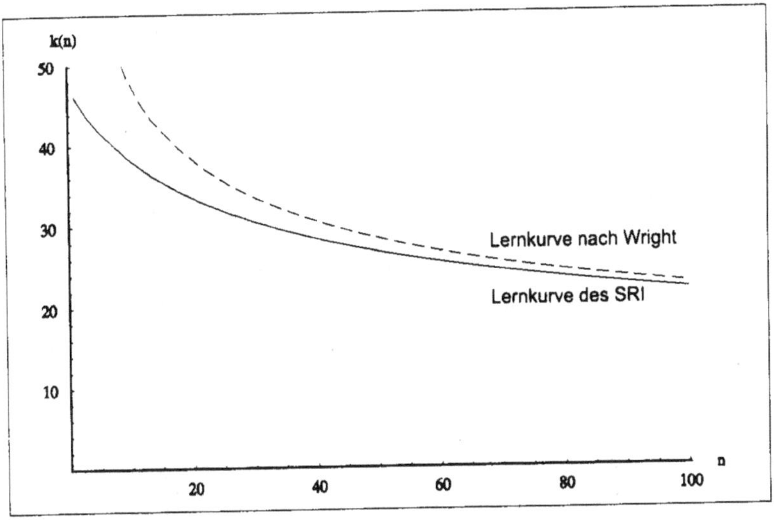

Abbildung 2.3: Die Lernkurve des *Stanford-Research-Instituts* und die Lernkurve nach *Wright* im kartesischen Koordinatensystem für $b = 0,322$ und $c = 10$.
Quelle: eigene Darstellung.

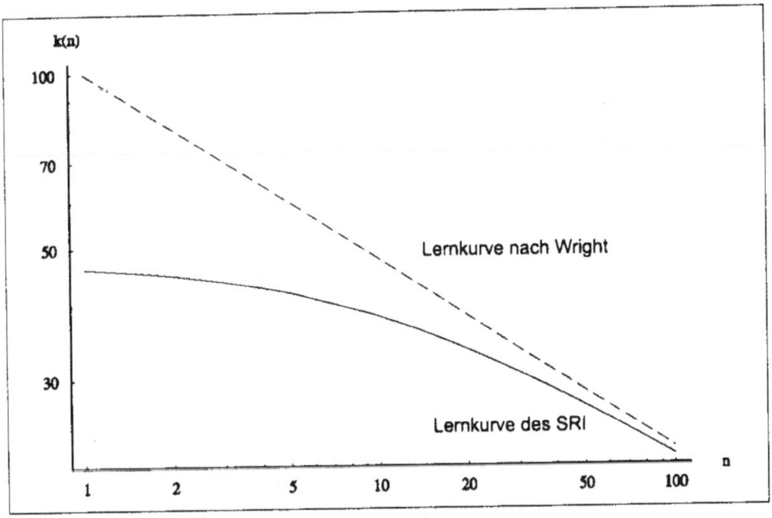

Abbildung 2.4: Die Lernkurve des *Stanford-Research-Instituts* im doppelt-logarithmischen Koordinatensystem für $b = 0,322$ und $c = 10$.
Quelle: eigene Darstellung.

Die vorherige Erfahrung c wirkt sich hier wie eine Verschiebung der Lernkurve nach *Wright* um c Einheiten nach links aus. Die Kosten der n-ten Einheit nach der Lernkurve des *Stanford-Research-Institutes* entsprechen den Kosten der $(n + c)$-ten Einheit nach *Wright*.[45]

2.2.2.2 Die konvexe Lernkurve

Im Gegensatz zur Lernkurve des *Stanford-Research-Instituts*, welche die Linearhypothese nach *Wright* vor allem für geringe kumuliert hergestellte Mengen modifiziert, setzt die konvexe Lernkurve an der Kritik der Konvergenz der Lernkurve gegen Stückkosten von Null für sehr hohe Produktionsmengen n und dem konstanten Lernparameter b an.

Diese wird von *Baur*[46] mit Hilfe von Nebenlerngeraden umgesetzt. So verlaufen die Stückkosten bis zu einem Wert n_H zunächst gemäß der klassischen Lernkurve nach *Wright*. Für $n_H \leq n \leq n_E$ hingegen folgen die Kosten pro Mengeneinheit ebenfalls einer Lernkurve nach *Wright*, die allerdings über einen geringeren Lernparameter b als die anfängliche Lernkurve verfügt. Bei Erhöhung der kumuliert hergestellten Menge erfolgt der schrittweise Übergang auf Lernkurven mit immer geringerem Lernparameter.[47] Eine solche Lernkurve wird in Abbildung 2.5 im doppelt-logaritmischen Koordinatensystem beispielhaft für zwei Nebenlerngeraden dargestellt.

Baloff hingegen verzichtet auf die Einführung einer Nebenlerngeraden und postuliert den Abbruch des Lernens ab einer bestimmten Produktionsmenge n_E, wobei

$$k(n) = \begin{cases} k_2 \cdot n^{-b} & \text{für} \quad n < n_E \\ k_2 \cdot n_E^{-b} & \text{für} \quad n \geq n_E \end{cases} \tag{2.14}$$

gilt. Ein solcher Lernkurvenverlauf wird im doppelt-logarithmischen Koordinatensystem in Abbildung 2.6 skizziert.

2.2.2.3 Der S-förmige Lernkurvenverlauf

Die im doppelt-logarithmischen Koordinatensystem *S-förmig* verlaufende Lernkurve wurde erstmals 1960 von *Cochran* vorgestellt.[48] Von *Schneider* wird sie wegen ihrer Ähnlichkeit zu ertragsgesetzlich verlaufenden Produktionsfunktionen auch ertragsgesetzlicher

---

45 Vgl. Hieber (1991), S. 39.

46 Vgl. Baur (1967). Seine Annahmen resultieren aus empirischen Beobachtungen.

47 Zur Ableitung der Funktion dieser konvexen Lernkurve vgl. Baur (1967), S. 111 ff.

48 Vgl. Cochran (1960).

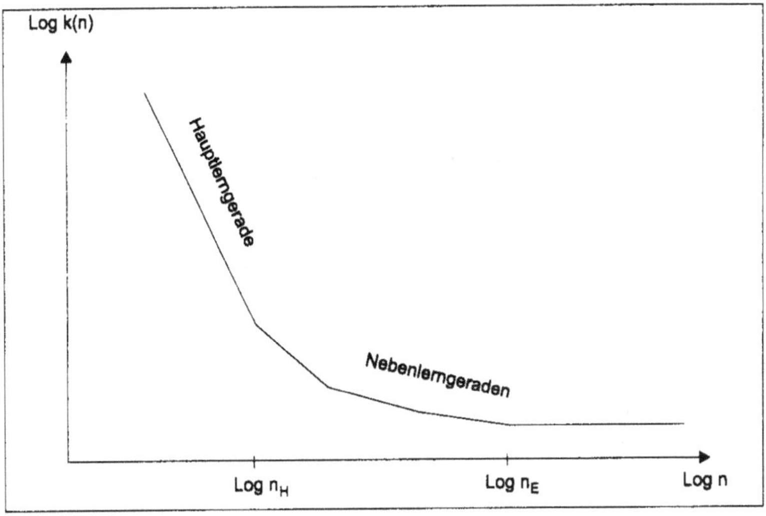

Abbildung 2.5: Die konvexe Lernkurve nach *Baur* im doppelt-logarithmischen Koordinatensystem.
Quelle: eigene Darstellung in Anlehnung an Baur (1967), S. 109

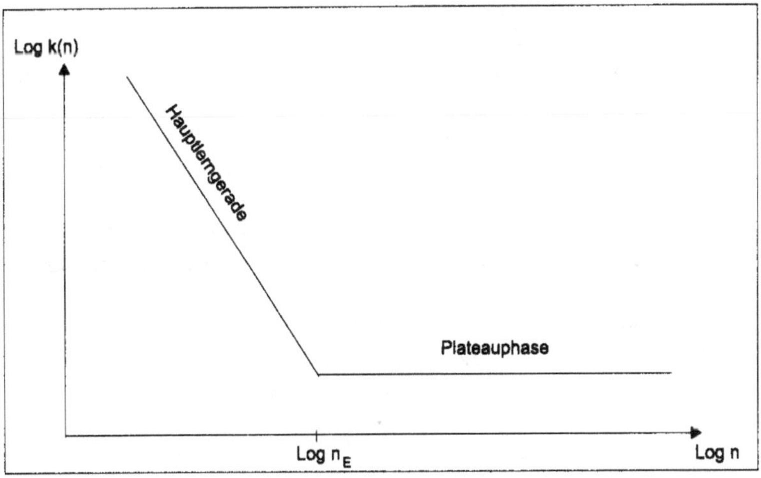

Abbildung 2.6: Die konvexe Lernkurve nach *Baloff* im doppelt-logarithmischen Koordinatensystem.
Quelle: eigene Darstellung in Anlehnung an Baloff (1971), S. 331

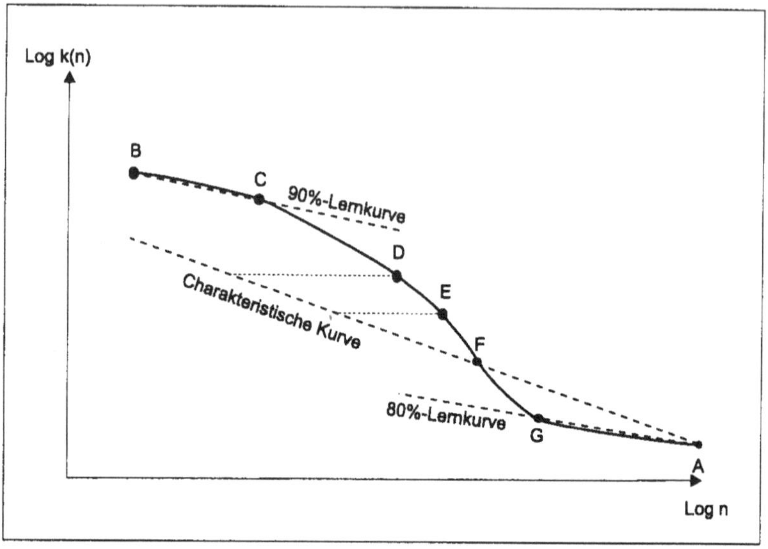

Abbildung 2.7: Die *S-förmige* Lernkurve nach *Cochran* im doppelt-logarithmischen Koordinatensystem.
Quelle: eigene Darstellung in Anlehnung an Cochran (1960), S. 325

Lernkurvenverlauf genannt[49] und ist dadurch gekennzeichnet, dass die Lernkurve im doppelt-logarithmischen Koordinatensystem zunächst konkav verläuft und später eine konvexe Form annimmt. *Cochran* gibt in seinem Ansatz allerdings keine konkrete Funktion für die Lernkurve an, sondern konstruiert sie in den folgenden sechs Schritten.

1. Zunächst werden die Stückkosten zur Herstellung der 1000. Einheit auf Basis von Erfahrungswerten geschätzt. Diese bestimmen Punkt A in Abbildung 2.7.

2. Je nach Art der ausgeübten Tätigkeit wird von Punkt A ausgehend eine klassische Lernkurve nach links gezeichnet. *Cochran* bezeichnet sie als charakteristische Kurve.

3. Die Stückkosten der ersten Einheit werden bestimmt. Laut *Cochran* sind sie etwa fünfzig Prozent höher als die von der charakteristischen Kurve propagierten Stückkosten. Dieser Punkt ist in Abbildung 2.7 mit B bezeichnet.

4. Punkt C bezeichnet die Stückkosten der vierten Einheit. Der Punkt C liegt auf einer 90%-Lernkurve, welche von B aus verläuft. Der Punkt D in Abbildung 2.7 bezeichnet die Stückkosten der zehnten Einheit. Seine Ordinate ist durch die charakteristische Kurve in $n = 3$ gekennzeichnet. Punkt E beschreibt die Kosten der zwanzigsten

[49] Vgl. Schneider (1965), S. 508.

Einheit. Sie nehmen den Wert der charakteristischen Kurve in $n = 7,5$ an. Die Kosten der dreißigsten Einheit werden mit F bezeichnet. Sie liegen dort, wo eine durch die Punkte B, C, D und E interpolierte Kurve die charakteristische Kurve schneidet.

5. Punkt G befindet sich dort, wo die interpolierte Kurve eine von Punkt A ausgehende 80%-Lernkurve schneidet.

6. Alle Punkte werden mit Hilfe einer glatten Kurve interpoliert.[50]

Dieser Lernkurvenverlauf resultiert aus empirischen Beobachtungen Cochrans. Kostenschätzungen dürften damit in der Praxis nur sehr schwer durchzuführen sein.
Cochran begründet diesen Lernkurvenverlauf mit sich im Zeitablauf ändernden Kostenrückgängen durch Übung und erklärt dies zum Einen durch sich ändernde Lernraten, zum Anderen durch Modifikationen im Produktionsablauf bei steigender kumuliert hergestellter Menge.[51]
Die Lernraten ändern sich nach *Cochrans* Meinung dadurch, dass sich die Ausführenden im Produktionsprozess zunächst mit der ihnen gestellten Aufgabe vertraut machen müssen und lernen, diese zu bewältigen. Daraus resultiert eine anfänglich geringe Lernrate. Diese wächst anschließend durch zunehmende Übung und kann durch Verbesserungen im Prozessablauf gesteigert werden, bevor sie bei hohen kumuliert hergestellten Mengen wieder annähernd ihr anfängliches Niveau erreicht.[52]
Zu Änderungen im Produktionsablauf kommt es durch Verbesserungen des Produktdesigns. Sie finden meist erst nach einer Einarbeitungsphase statt, so dass auch hier zunächst geringe, dann steigende und später wieder sinkende Kostenrückgänge bei Erhöhung der kumuliert hergestellten Menge resultieren.[53]

Baur vereinfacht diese Interpretation der *S-förmigen* Lernkurve, indem er sie als Kombination der Lernkurven des *Stanford-Research-Instituts* und der konvexen Lernkurve auffasst. Laut seiner Darstellung genügt die Lernkurve zunächst der Gleichung

$$k(n) = k_2\,(c+n)^{-b} \tag{2.15}$$

bevor sie allmählich in die klassische Lernkurve nach *Wright* übergeht. Für hohe Werte von n nähert sie sich allmählich der Lernkurve nach *Baloff*. Ein solcher Verlauf wird in Abbildung 2.8 skizziert.

[50] Vgl. Cochran (1960), S.324 f.
[51] Vgl. Cochran (1960), S. 321.
[52] Vgl. Cochran (1960), S. 322.
[53] Vgl. Cochran (1960), S. 322.

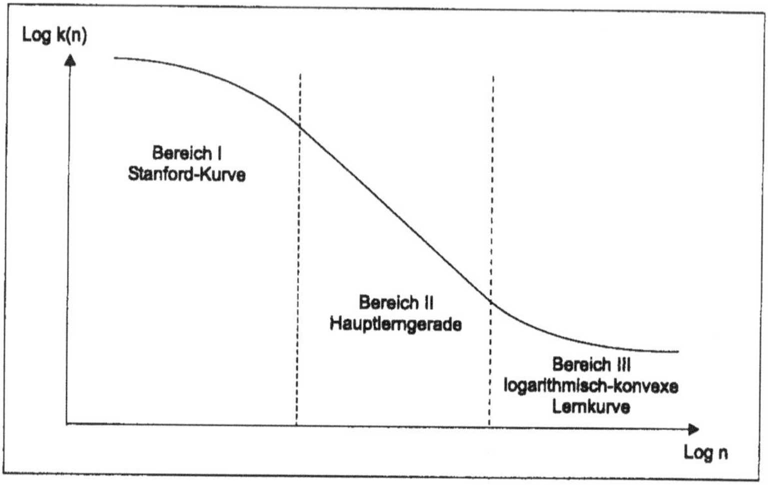

Abbildung 2.8: Die *S-förmige* Lernkurve nach *Baur* im doppelt-logarithmischen Koordinatensystem.
Quelle: eigene Darstellung in Anlehnung an Baur (1967), S. 118

2.2.3 *Das Adaptionsmodell nach Levy*

Die bisher diskutierten Lernkurvenmodelle beruhen im Wesentlichen auf der Linearhypothese beziehungsweise stellen Modifikationen von ihr dar. Dem Adaptionsmodell nach *Levy*[54] liegen zwei eigenständige Hypothesen zu Grunde, welche besagen, dass

1. bestimmte Faktoreinsatzmengen oder Kostengrößen bei zunehmender kumulierter Ausbringungsmenge abnehmen und einem bestimmten Grenzwert zustreben sowie

2. die Abnahme dieser Größen proportional zu der Differenz aus dem maximal herstellbaren Output P und dem aktuell hergestellten Output $Q(n)$ erfolgt.

Die mathematische Formulierung der zweiten Hypothese lautet

$$\frac{\partial Q(n)}{\partial n} = \mu(P - Q(n)). \tag{2.16}$$

Ist $Q(0) = q_0$, so folgt

$$Q(n) = P\left(1 - e^{-(q_0+\mu \cdot n)}\right). \tag{2.17}$$

Der Verlauf von $Q(n)$ wird beispielhaft in Abbildung 2.9 dargestellt.

Dem Kostenrückgang durch Übung liegt hier im Gegensatz zur Linearhypothese und ih-

[54] Vgl. Levy (1965).

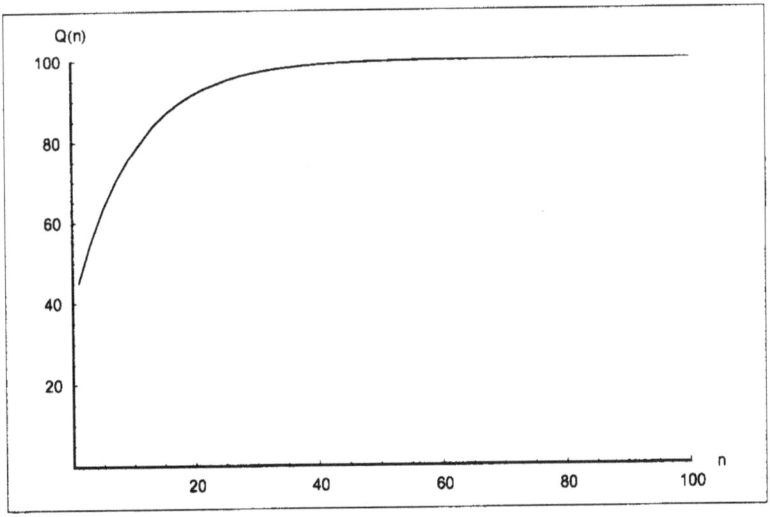

Abbildung 2.9: Die Lernkurve nach *Levy* für $\mu = 0,1$, $P = 100$ und $q_0 = 0,5$.
Quelle: eigene Darstellung.

ren Modifikationen keine Potenzfunktion, sondern eine Exponentialfunktion zu Grunde. Mittels verschiedener Untersuchungen bei der Herstellung von Druckerzeugnissen konnte die Gültigkeit des Adaptionsmodells nach *Levy* empirisch überprüft werden.[55]

Auf die Höhe des Parameters μ wirken nach *Levy* verschiedene Faktoren $y_1, ..., y_n$ ein, so dass μ als Funktion dieser Faktoren durch $\mu = f(y_1, ..., y_n)$ gegeben ist. Dabei unterscheidet *Levy* explizit drei verschiedene Arten des Lernens, die er als induziertes Lernen, exogenes Lernen und autonomes Lernen bezeichnet.[56]
Unter induziertem oder geplantem Lernen werden alle Tätigkeiten verstanden, die das Unternehmen gezielt anstrengt, um den Output zu steigern.[57] Dies beinhaltet zum einen Tätigkeiten vor Beginn der eigentlichen Produktion, wie etwa den Bau von Prototypen, Materialtests, Werkzeugherstellung und Probeläufe der Anlagen. Zum Anderen kann induziertes Lernen auch während der Produktion etwa in Form von Zeit- und Bewegungsstudien oder durch Änderung der Materialspezifikationen stattfinden.
Zufälliges oder exogenes Lernen entsteht durch die Verbesserung des Produktionsprozesses in Folge unerwarteter Ereignisse, wie etwa durch Hinweise von Kunden oder Zulieferern. Autonomes Lernen findet für jeden Ausführenden individuell statt und ist auf dessen zunehmende Übung der Produktionsabläufe zurückzuführen. Dieses Lernen ist abhängig

[55] Vgl. Levy (1965), S. 141 ff.
[56] Vgl. Levy (1965), S. 139 ff.
[57] Vgl. Levy (1965), S. 139.

von Ausbildung, Geschlecht und Alter des Übenden.[58]

Levy begegnet mit der Formulierung seiner Hypothese einer häufig an der Linearhypothese nach *Wright* geäußerten Kritik. Die Konvergenz von Kostengrößen gegen null wird hier vermieden, es erfolgt die Annäherung an eine feste Produktivitätsobergrenze P. In beiden Modellen nimmt der absolute Kostenrückgang mit zunehmender kumulierter Ausbringungsmenge zwar ab, kommt aber nie zum Stillstand. Diese beiden Eigenschaften teilt das Adaptionsmodell nach *Levy* mit dem in Kapitel 3 diskutierten Modell nach *DeJong*[59], welches allerdings eine Potenzfunktion und keine Exponentialfunktion zur Modellierung des Kostenrückgangs durch Übung verwendet.

Zusammenfassend lässt sich feststellen, dass der Rückgang der Stückkosten durch Übung empirisch vielfach nachgewiesen wurde. Die ursprüngliche Lernkurve nach *Wright* durchlief zahlreiche Modifikationen, denen gemein ist, dass die variablen Stückkosten gegen einen Wert $k_1 > 0$ konvergieren. Ebenso wird die Berücksichtigung vorheriger Erfahrung für bedeutsam gehalten. Den aufgezeigten Studien ist jedoch gemein, dass der Rückgang der Bearbeitungszeit durch Übung ausschließlich in der betrieblichen Fertigung untersucht wurde. Analysen über dispositive Tätigkeiten wurden nicht getätigt. Im Rahmen der Prinzipal-Agent-Theorie sollen jedoch auch solche Tätigkeiten untersucht werden, die auf kognitiven Prozessen aufbauen und sich nicht nur auf Tätigkeiten in der betrieblichen Fertigung beschränken. Abhilfe schaffen Theorien des kognitiven Fertigkeitserwerbs, die sich vor allem mit dem Rückgang der Bearbeitungszeit kognitiver Aufgaben in Folge von Übungseffekten befassen.

58 Vgl. Levy (1965), S. 139 ff.

59 Vgl. DeJong (1957).

3 Menschliches Problemlösen innerhalb der Theorien des kognitiven Fertigkeitserwerbs

Wirtschaftswissenschaftliche Ansätze zur Lernkurvenforschung befassen sich weniger mit den Ursachen des Kostenrückgangs bei steigender Produktionsmenge als mit dessen Ausprägung. Ersteres ist, sofern diese Ursachen intrapersonell sind, Aufgabe der Psychologie.

Die Psychologie als wissenschaftliche Teildisziplin ist seit etwas mehr als einhundert Jahren als eigenständiges Lehrgebiet an Universitäten vertreten. Das erste psychologische Institut wurde 1879 von *Wilhelm Wundt* in Leipzig gegründet.[1] Seit diesem Zeitpunkt haben sich verschiedene Auffassungen über Gegenstände, Methoden und Modelle der Psychologie entwickelt. *Wundt* vermittelte die Elemente der Empfindung als zentralen Gegenstand der Psychologie und empfahl die Introspektive als Instrument zu deren Untersuchung. In der ersten Hälfte des zwanzigsten Jahrhunderts wurde die Psychologie noch in großem Ausmaß vom Behaviourismus dominiert, für den die Erforschung des unmittelbaren und objektiv beobachtbaren Verhaltens die einzig adäquate Forschungsmethode war. An Stelle des Behaviourismus trat in den vergangenen dreißig Jahren der Kognitivismus, dessen zentraler Gegenstand alle geistigen Prozesse sind und als dessen zentrale Methoden auch Berichte über abgelaufene geistige Prozesse gestattet sind.[2]

Weitestgehenden Konsens erreicht heute folgende Definition des Begriffes Psychologie: „Gegenstand der Psychologie sind Verhalten, Erleben und Bewußtsein des Menschen, deren Entwicklung über die Lebensspanne und deren innere (im Individuum angesiedelte) und äußere (in der Umwelt angesiedelte) Bedingungen und Ursachen“[3]. Ziele der Psychologie „sind die Beschreibung, Erklärung und Vorhersage des Verhaltens“.[4]

Das Spektrum der Psychologie umfasst eine Vielzahl von Teilbereichen mit unterschiedlichen Forschungsgegenständen.

Die *Allgemeine Psychologie* befasst sich mit den allgemeingültigen Gesetzmäßigkeiten im

1 Vgl. Krech und Crutchfield (1992), S. 11.
2 Vgl. Zimbardo (1995), S. 12 f.
3 Zimbardo (1995), S. 2.
4 Ebenda, S. 2.

Bereich psychischer Grundfunktionen wie Wahrnehmung, Motivation, Emotion, Gedächtnis, Denken oder Handlung und abstrahiert somit von individuellen Unterschieden. Die *Differentielle Psychologie* untersucht interindividuelle Unterschiede in der Ausprägung psychischer Merkmale und versucht auf dieser Basis allgemeine Strukturmerkmale der zugrundeliegenden psychischen Funktionssysteme nachzuvollziehen. Mit der Wechselwirkung der inneren und äußeren Faktoren, die die Entwicklung psychischer Funktionen und Leistungen im Verlauf der Lebensprozesse bestimmen und beeinflussen, befasst sich die *Entwicklungspsychologie.* Im Gegensatz zu diesen drei Disziplinen, die das Individuum in den Vordergrund stellen, steht die *Sozialpsychologie.* Sie analysiert Erleben und Verhalten im sozialen Kontext als Wechselwirkungen zwischen sozialem Kontext und Individuum. In der *Angewandten Psychologie* werden anwendungsnahe Forschungsfelder, wie die *Klinische Psychologie*, die *Pädagogische Psychologie* oder die *Arbeits-, Betriebs-, und Organisationspsychologie*, zusammengefasst.[5] Untersuchungen, die zur Erklärung der Lernkurve beitragen können, sind im Bereich der Allgemeinen Psychologie zu suchen, da sich die Zeitersparnis auf Grund von Übung nicht nur auf betriebswirtschaftliche Aspekte und nicht nur auf einzelne Individuen bezieht.

Die Allgemeine Psychologie stellt einen universalistischen Ansatz dar, der sich mit gemeinsamen Merkmalen aller Individuen befasst. Sie untersucht Prozesse und Mechanismen, in denen psychische Vorgänge ablaufen. Deren Inhalte sind dabei nur sekundär relevant. Die Gegenstände der Allgemeinen Psychologie liegen in den nichtbeobachtbaren Inhalten des Erlebens und Verhaltens. Um diese zu untersuchen, werden Beobachtungen und Experimente als Untersuchungsmethoden angewandt. Sie befassen sich mit der Frage, wie die im Menschen verborgenen Prozesse, Mechanismen und Strukturen beschrieben und charakterisiert werden können.[6]

Eine Teildisziplin der Allgemeinen Psychologie ist die Lernpsychologie. Lernen wird als Prozess verstanden, „... der zu relativ stabilen Veränderungen im Verhalten oder Verhaltenspotential führt und auf Erfahrung aufbaut".[7] Diese Definition schließt Verhaltensveränderungen etwa aufgrund von Wachstumsprozessen aus. Ebenfalls ausgeschlossen sind kurzfristige Veränderungen des Verhaltens, wie sie etwa durch Ermüdung entstehen. Lernen ist nicht beobachtbar und kann nur aus Veränderungen des beobachteten Verhaltens geschlossen werden.[8]

---

5 Vgl. Prinz und Müsseler (2002), S. 2.
6 Vgl. Ebenda, S. 4.
7 Zimbardo (1995), S. 206.
8 Vgl. Zimbardo (1995), S. 206.

3.1 Klassisches Konditionieren

Die Darwinsche Evolutionstheorie bereitete den Weg für ein neues Verständnis des Lernens. Sie stellte den Menschen in die selbe Entwicklungskette wie andere Lebewesen, so dass „tierisches“ Lernen als Modell für menschliches Lernen betrachtet werden konnte. Demzufolge verwendeten erste objektive Studien Tiere als Versuchsobjekte. Die wohl Bekannteste geht auf Untersuchungen von *Pawlow* zurück, der beobachtete, dass ein Hund im Labor beim bloßen Erscheinen eines Wärters, der ihn später füttern sollte, Speichel absonderte. Dieses Experiment bildete die Grundlage für den Konditionierungsansatz des Lernens, der die Möglichkeit erforscht, dass ein grosser Teil des komplexen Verhaltensmusters von Menschen und Tieren als einfache Reiz-Reaktions-Verbindungen verstanden werden können. Dieses sogenannte Klassische Konditionieren stellte eine Form des Lernens dar, bei der der Organismus eine neue Assoziation zwischen zwei Reizen lernt - einem neutralen und einem, der bereits eine Reaktion auslöst. Dementsprechend sieht die Basisanordnung des klassischen Konditionierens aus: ein unkonditionierter Reiz, der eine unkonditionierte Reaktion hervorruft, wird mit einem neutralen, zu konditionierenden Reiz gepaart. Nach einigen Versuchsdurchläufen folgt auf den zu konditionierenden Reiz bereits die unkonditionierte Reaktion.[9] Die klassische Konditionierung beschäftigt sich nicht mit kontingenten Bekräftigungen auf einen bestimmten Leistungsbezug. Diese älteste untersuchte Form des Lernens bietet kaum Ansätze zur Erklärung des Kostenrückgangs durch Lernen, da der Reiz unabhängig von der Reaktion des Lernenden angeboten wird. Der Lernende erhält unabhängig von seinem Verhalten eine Belohnung oder Bestrafung. Ein Homo oeconomicus würde in Unternehmen darauf mit opportunistischem Verhalten reagieren. Ein Kostenrückgang durch Übung ist somit im klassischen Ansatz des Konditionierens nicht erklärbar.

3.2 Instrumentelles Konditionieren

Das Leistungsverhalten bestimmt im täglichen Leben in vielen Situationen die Konsequenzen des Handelns. Handlungen, die positive Konsequenzen nach sich ziehen, werden öfter wiederholt als Handlungen mit negativen Konsequenzen.[10] Dieses „Gesetz der Wirkung“ wurde erstmals von Thorndike formuliert.[11] Er postulierte dazu, dass sich Handlungen mit positiven Konsequenzen einprägen, während negative Handlungen „gelöscht“ werden und benutzt dies als Erklärung dafür, wie seine Versuchstiere lernten, die kürzesten We-

---

9 Vgl. Edelmann (1996), S. 59 ff.; Koch (2002), S. 188 ff.
10 Vgl. Koch (2002), S. 388.
11 Vgl. Koch (2002), S. 404.

ge aus Labyrinthen zu finden oder aus Käfigen zu entkommen, um möglichst schnell an Futter zu gelangen. In allen Versuchen waren die Folgen für die Versuchstiere und damit die Umweltbedingungen von deren Verhalten abhängig. Dieses Lernen wird deshalb als Instrumentelles oder Operantes Lernen bezeichnet.[12] Diese Art des Konditionierens findet auch im täglichen Leben statt. Sie kann grundlegend zum Erlernen lebenswichtiger Verhaltensweisen sein, wie etwa zum Unterscheiden zwischen geniessbarer und ungeniessbarer Nahrung. Solche Lernprozesse folgen oft dem Modell des Instrumentellen Konditionierens. Allerdings erfolgen andere Arten des Lernens, wie etwa schulisches Lernen, weniger nach dieser Art von automatischen Assoziationen.[13]

Auch diese Art des Lernens ist wenig geeignet zur Erklärung von Lernkurveneffekten. In der Regel müssen Beschäftigte nicht erst eine Verbindung zwischen ihrem Arbeitseinsatz und Anreizen lernen, da dies vertraglich vereinbart beziehungsweise anderweitig bekannt sein sollte.

3.3 Denken und Problemlösen

Ein weiterer Teilbereich der Psychologie, der Aufschluss über die Ursachen des Kostenrückgangs durch Lernen geben könnte, ist der des Denkens und menschlichen Problemlösens. Das Thema Denken hat Menschen schon seit langem beschäftigt. Diese Fähigkeit erlaubt es Menschen, geistige Produkte zu schaffen und diese ohne Veränderung der Umwelt zu manipulieren. Somit kann auch die Ausführung von Handlungsalternativen geistig vorweggenommen werden, ohne dass dies in der äußeren Welt mit hohem Aufwand oder Konsequenzen verbunden wäre.[14]

Denken umfasst „die innerlichen Veränderungen von symbolisch repräsentierten Objekten und Ereignissen".[15]

Die Erforschung des Denkens war bis zum Ende des 19. Jahrhunderts Domäne der Philosophie. Erst die Würzburger Schule von *Oswald Küppe* etablierte die Psychologie des Denkens und Problemlösens. Dabei wurde als maßgebliche Untersuchungsmethode die Introspektion verwendet, deren Ergebnisse jedoch kaum interpretierbar sind. Seit der Mitte des 20. Jahrhunderts erfolgte eine experimentelle Erforschung des Denkens, die mit der fortschreitenden Entwicklung des Informationsverarbeitungsansatzes einen Boom erlebte.[16]

---

[12] Vgl. Koch (2002), S. 404.
[13] Vgl. Koch (2002), S. 411.
[14] Vgl. Knoblich (2002), S. 646.
[15] Krech und Crutchfield (1992), Band 4, S. 105.
[16] Vgl. Knoblich (2002), S. 646.

Die für die Untersuchung des Lernkurvenphänomens relevanten Ergebnisse sollen im Folgenden dargestellt werden. Dazu soll zunächst geklärt werden, was ein Problem ist und wodurch es charakterisiert wird.

Ein Problem besteht aus einem Ausgangszustand, einem Zielzustand und einer Menge von Operationen, die vom Ausgangszustand zum Zielzustand führen.[17] Dabei wird zwischen gut definierten und schlecht definierten Problemen unterschieden. Bei einem gut definierten Problem sind Ausgangszustand und Zielzustand genau spezifiziert, während dies bei schlecht definierten Problemen nicht der Fall ist. Im Falle der betrieblichen Produktion sind Ausgangszustand und Zielzustand mit der Menge des Güterinputs beziehungsweise mit dem hergestellten Gut bekannt. Die Menge der Operationen, mit der aus Rohstoffen oder Vorprodukten das gewünschte Endprodukt erstellt werden kann, muss aber nicht bekannt sein. Somit weist der Produktionsvorgang, den ein Individuum vollziehen soll, die Merkmale eines gut definierten Problems auf.

3.3.1 *Gestaltpsychologische Ansätze des Problemlösens*

Die Gestaltpsychologie entwickelte die ersten wichtigen empirischen Beiträge zur Psychologie des Problemlösens. Die Gestaltpsychologen versuchten, die für die Wahrnehmung definierten Erklärungsprinzipien auf das Problemlösen anzuwenden und stiessen dabei auf Widerstand seitens der Vertreter des Behaviourismus, die die Meinung vertraten, dass Probleme durch Versuch und Irrtum beziehungsweise durch Reproduktion gelöst werden.[18]

Dies konnte *Wolfgang Köhler* 1921 widerlegen,[19] indem er nachwies, dass Problemlösen auch durch Einsicht erfolgen kann. Dazu wurde im Käfig eines Schimpansen eine Banane so an die Decke gehängt, dass sie für das Tier nicht zu erreichen war. Außerdem befanden sich mehrere Kisten im Käfig. Die Anstrengungen des Affen, die Banane durch Springen zu erreichen, waren erfolglos. Nach vielen vergeblichen Versuchen setzte er sich in die Ecke des Käfigs und schaute die Banane und auch die Kisten an. Plötzlich sprang er auf, stellte einige Kisten aufeinander und kletterte zur Banane. *Köhler* interpretierte dies als Lernen durch Einsicht. Erst das stille Beobachten führte zu einer Umstrukturierung der Problemsituation und der damit einhergehenden Lösung des Problems.

In der Folge betonten Gestaltpsychologen oft die Bedeutung produktiven Denkens für den Problemlösungsprozess. Ihre Grundannahme war, dass produktives Denken vor allem bei

17 Vgl. Zimbardo (1995), S. 296.
18 Vgl. Knoblich (2002), S. 648.
19 Vgl. Köhler (1921).

der Bearbeitung neuer Probleme auftritt und eine Reorganisation der Problemsituation erfordert, die nicht nur aus vorhandenem Vorwissen besteht. Weitere gestaltpsychologische Grundannahmen fasst *Ohlsson*[20] wie folgt zusammen:

- Der Problemlösungsprozess kann sowohl produktiv als auch reproduktiv erfolgen.
- Reproduktives Problemlösen basiert auf bereits erworbenem Wissen. Dieses Vorwissen kann in einigen Fällen die Lösung eines Problems behindern.
- Produktives Problemlösen wird durch die Notwendigkeit der Einsicht in die Struktur des Problems charakterisiert und kommt erst durch eine Umstrukturierung der Problemsituation zu Stande.
- Einsicht kommt für jeden Problemlöser subjektiv überraschend.

Da sich gestaltpsychologische Ansätze zum Problemlösen überwiegend mit der Problematik der für den Probanden neuen Probleme und deren Bewältigung durch Umstrukturierung der Problemsituation befassen,[21] sind sie wenig geeignet, wiederholtes Lösen des gleichen Problems zu beschreiben, wie es der Lernkurventhematik inhärent ist. Sie dienen vielmehr dazu, das Generieren eines geeigneten Lösungsalgorithmuses zu beschreiben. Wieso dieser Algorithmus nach mehrmaligem Ausführen schneller ausgeführt wird, wird nicht erklärt.

3.3.2 Problemlösen im Informationsverarbeitungsansatz

Die Forschungen von *Newell* und *Simon*[22] stellten einen Meilenstein in der Psychologie des Problemlösens dar.[23] Sie entwickelten ab dem Ende der fünfziger Jahre Computermodelle kognitiver Prozesse und wendeten sich damit von der Untersuchung von Reiz-Reaktionszusammenhängen zur Untersuchung kognitiver und damit nicht beobachtbarer mentaler Prozesse hin. Dieser Informationsverarbeitungsansatz ist auch heute noch zentraler Bezugspunkt der Problemlöseforschung.[24]
Der Informationsverarbeitungsansatz geht davon aus, dass sich der Problemlöser zunächst mit einem bestimmten Ausgangszustand konfrontiert sieht und einen Zielzustand erreichen möchte. Dieser Ausgangszustand kann durch bestimmte Handlungen in einen neuen Zustand transformiert werden, dieser neue Zustand in den nächsten und so weiter. Abhängig von der Art des Problems existieren verschiedene Zustände, ihre Gesamtheit

[20] Vgl. Ohlsson (1984), S. 65 ff.
[21] Vgl. Knoblich (2002), S. 648 f.
[22] Vgl. Newell und Simon (1972).
[23] Vgl. Knoblich (2002), S. 653.
[24] Ebenda.

wird Problemraum genannt. Sie werden meist in der Form von Wenn-Dann-Regeln formuliert und spezifizieren, auf welchen Zustand welche Transformation angewendet werden kann.
Zentral im Informationsverarbeitungsansatz ist der Problemraum als Möglichkeitsraum, der alle möglichen Zustände enthält, die während des Problemlösens auftreten können, egal, ob sie zielführend sind oder nicht.[25]
Bestandteil der Problemraumtheorie von *Newell* und *Simon* ist auch, dass Menschen nicht nur alle Möglichkeiten des Problemraums ausprobieren, sondern Lösungsheuristiken verwenden.
Die Problemraumtheorie ist am besten auf wohldefinierte Probleme, wie sie auch in der betrieblichen Produktion vorkommen, anwendbar.[26]

Die Expertiseforschung als Teilproblematik des Informationsverarbeitungsansatzes des Problemlösens beschäftigt sich mit der Frage nach der Art und dem Erwerb problemrelevanten Wissens. Deshalb wird hier das Problemlöseverhalten von Experten und Novizen miteinander verglichen. Ergebnisse liegen in den unterschiedlichsten Wissensgebieten vor. Dabei zeigte sich, dass sich das Problemlöseverhalten von Experten und Novizen stark unterscheidet. So haben Experten eine besser ausgearbeitete Problemrepräsentation als Novizen, sie erinnern sich besser an problemrelevante Informationen und wenden andere Problemlösestrategien an.[27] Zentrales Ergebnis ist auch, dass ein Novize nur durch extensive Übung zum Experten wird. Dies wird von *Ericsson*, *Krampe* und *Tesch-Römer*[28] belegt, die für Lernverläufe von Experten der unterschiedlichsten Domänen das Potenzgesetz der Übung nachwiesen. Dieses beschreibt die Zeit, die zum Lösen eines Problems benötigt wird in Abhängigkeit von der Anzahl bereits gelöster ähnlicher Probleme und konnte sowohl für einfache sensomotorische Fähigkeiten als auch für das Führen mathematischer Beweise nachgewiesen werden.[29]
Wegen seiner Ähnlichkeit zur betriebswirtschaftlichen Lernkurventheorie soll das Potenzgesetz der Übung im Folgenden weiter untersucht werden.

[25] Ebenda.
[26] Ebenda.
[27] Vgl. Knoblich (2002), S. 661.
[28] Vgl. Ericson u. a. (1993).
[29] Vgl. Neves und Anderson (1981).

3.3.2.1 Das Potenzgesetz der Übung

Das Potenzgesetz der Übung ist in seiner Grundstuktur bereits seit langem bekannt. Es wurde erstmals von *Snoddy*[30] formuliert, dessen Probanden Labyrinthe spiegelverkehrt zeichneten. Für diese Tätigkeit konnte er die Zeit, die für einen Versuch benötigt wurde, gemäss

$$t(n) = t(0) \cdot n^{-b}$$

berechnen. $t(n)$ beschreibt dabei die Zeit, die beim n-ten Versuch benötigt wurde, b ist ein Lernkoeffizient mit $0 \leq b \leq 1$.
Sofern in der betrieblichen Produktion die variablen, auf die Wertschöpfung bezogenen Stückkosten ausschließlich von der pro Stück benötigten Arbeitszeit abhängen, ist dieses Modell identisch mit dem Lernkurvenmodell nach *Wright.*[31] *Snoodys* Modell geriet lange Zeit in Vergessenheit. Das Potenzgesetz der Übung wurde erst wieder von *DeJong*[32] neu entdeckt, der über das Studium betriebswirtschaftlich motivierter Literatur auf das Phänomen aufmerksam wurde.[33] Er beobachtete erstmals, dass die Ausführungszeit in Experimenten nicht gegen null konvergiert, sondern sich einer Konstanten annähert. Seine Modellformulierung wird dem mit

$$t(n) = t(0) \cdot M + t(0) \cdot \frac{1-M}{n^b}$$

gerecht, wobei M derjenige Zeitanteil bei der Produktion der ersten Einheit ist, der auch bei zunehmendem Produktionsfortschritt nicht weiter reduziert werden kann. Setzt man $k_1 = t(0) \cdot M$ und $k_2 = t(0) \cdot (1 - M)$, so folgt mit

$$t(n) = k_1 + k_2 \cdot n^{-b}$$

eine um eine Konstante erweiterte Potenzfunktion. Über die Ursachen dieser Arbeitszeitreduktion machte *DeJong* keine Angaben.[34]
Basierend auf der Arbeit *DeJongs* entwickelte *Crossman*[35] seine Theorie über den Rückgang der Bearbeitungszeit bei Erhöhung der kumuliert hergestellten Menge. *Crossman* lagen unter anderem sehr umfangreiche Daten aus einer Zigarrenfabrik vor, wobei die am Ende des Betrachtungszeitraumes kumuliert hergestellte Menge zehn Millionen Stück betrug. Anhand dieser Daten war zu ersehen, dass die Ausführungszeit nicht gegen null,

---

30 Vgl. Snoddy (1926).
31 Vgl. Wright (1936).
32 Vgl. DeJong (1957).
33 Vgl. DeJong (1957), S. 51.
34 Vgl. DeJong (1957).
35 Vgl. Crossman (1959).

sondern gegen eine Konstante konvergiert. Durch seine Beobachtungen von Experten und Novizen kam *Crossman* zu dem Schluss, dass erstere ihre Aufgaben immer auf ähnliche Weise ausführen, während Novizen verschiedene Möglichkeiten der Aufgabenausführung auszuprobieren schienen.[36]

Crossman leitete daraus seine Theorie des Kostenrückgangs durch Methodensuche ab, indem er zunächst von einem Novizen ausging, dem r Verfahren zur Ausübung seiner Tätigkeit zur Verfügung stehen, wobei jedem Verfahren eine Ausführungszeit von t_i, $i = 1, ..., r$ zugeordnet ist. Der Proband wählt nach *Crossmans* Theorie während der n-ten Tätigkeitsausübung das Verfahren i mit der Wahrscheinlichkeit $p_i(n)$. Mit

$$t(n) = \sum_{i=1}^{r} t_i p_i(n)$$

ergibt sich die erwartete Ausführungszeit im n-ten Versuch. *Crossman* nahm an, dass im Produktionsverlauf ein Selektionsprozess zwischen den Verfahren stattfindet, das heisst, falls die erwartete Ausführungszeit des n-ten Versuches, $t(n)$, kleiner ist als die Ausführungszeit t_i des gewählten Verfahrens, so nimmt die Wahrscheinlichkeit $p_i(n+1)$ der Ausführung des i-ten Verfahrens im n-ten Versuch ab und umgekehrt. Dies wurde von *Crossman* mittels

$$\delta p_i(n) = -k(t_i - t(n))$$

modelliert, wobei k eine hinreichend kleine, positive Konstante darstellt. Mit

$$p_i(n+1) = p_i(n) + \delta p_i(n) \cdot p_i(n) = p_i(n)(1 - k(t_i - t(n)))$$

ergeben sich die Wahrscheinlichkeiten, mit denen die Verfahren im nächsten Versuch gewählt werden.

Crossman gelingt es, simulativ zu zeigen, dass die erwarteten Ausführungszeiten einem Lernkurvenverlauf folgen, wobei

$$\lim_{n \to \infty} t(n) = t_j, \quad t_j < t_i \quad \forall i \neq j$$

gilt.

Crossmans Modell weist Schwächen in der Modellierung menschlichen Verhaltens auf. So ist unklar, warum die Ausführenden, sollten ihnen die Ausführungszeiten t_i bekannt sein, nicht einfach das schnellste Verfahren wählen. Sind ihnen hingegen die t_i unbekannt, so ist es ihnen unmöglich, $t(n)$ zu berechnen und mit den realisierten Ausführungszei-

[36] Vgl. Crossman (1959), S. 153 ff.

ten zu vergleichen. Da die t_i als deterministisch betrachtet werden, ist unklar, warum der Ausführende nicht einfach jede Methode ausprobiert, die t_i bestimmt und ab dem $(r+1)$-ten Versuch nur noch die schnellstmögliche Aufgabenbearbeitung wählt. Weiter wird nicht berücksichtigt, dass der Bearbeitende neue Methoden kennenlernen kann oder bereits vorhandenes Wissen vergisst.

Die nach dem Aufsatz *Crossmans* publizierten Arbeiten zum Potenzgesetz der Übung beschränkten sich bis zum Beginn der achtziger Jahre darauf, dieses Gesetz für verschiedene Tätigkeiten nachzuweisen, ohne jedoch, im Gegensatz zu *Crossman*, auf dessen Ursachen einzugehen.[37] Da dies für das Lesen invertierter Buchstaben[38], für das Spielen von Solitair[39] und das Führen mathematischer Beweise[40] gelang, kann davon ausgegangen werden, dass das Potenzgesetz der Übung sowohl für motorische als auch für kognitive Tätigkeiten Gültigkeit hat. Erst mit Beginn der achtziger Jahre setzte die Suche nach den Ursachen des Potenzgesetzes der Übung ein. Dabei bildeten sich mit dem algorithmusbasierten Ansatz nach Anderson und der Instanzentheorie zwei verschiedene Erklärungsmodelle heraus, die im Folgenden dargestellt werden.

3.3.2.2 *Theorien kognitiven Fertigkeitserwerbs*

Im Bereich des kognitiven Fertigkeitserwerbs gilt das Potenzgesetz der Übung als nicht widerlegt.[41] Einige Autoren[42] gehen sogar soweit, Modelle des Lernzuwachses abzulehnen, wenn sie das Potenzgesetz der Übung nicht erklären. *Logan* bezeichnet dieses Gesetz als „a benchmark prediction that theories of skill acquisition must make to be serious contenders. If they cannot account for the power law, they can be rejected immediately."[43] Zentrale Frage bleibt allerdings, auf welchen kognitiven Prozessen die Abnahme der Bearbeitungszeit beruht. Modelle, die diese Frage klären sollen, werden im Weiteren erläutert.

3.3.2.2.1 Fertigkeitserwerb durch Zusammenfassung kognitiver Prozeduren

Anderson[44] sieht menschliches Problemlösen als Abarbeitung von „Wenn-Dann" Anweisungen. Seine ACT*-Theorie geht davon aus, dass zu Beginn eines Übungsprozesses jede einzelne dieser Prozeduren gedanklich aufgerufen und bearbeitet wird. Mit zunehmender Übung werden die ursprünglich elementaren Prozeduren zu komplexeren zusammengefasst

---

37 Eine Zusammenfassung dieser Ansätze ist bei *Newell* und *Rosenbloom* (1981) nachzulesen.
38 Vgl. Kolers (1979).
39 Vgl. Newell und Rosenbloom (1981).
40 Vgl. Neves und Anderson (1981).
41 Vgl. Haider und Frensch (1997), S. 522.
42 Vgl. Palmeri (1997) und Logan (1988).
43 Logan (1988), S. 495.
44 Vgl. Anderson (1993), S. 270 ff. und Anderson (1996), S. 239, ff.

und dementsprechend zusammen aufgerufen.[45] *Anderson* revidierte seine ursprüngliche ACT*-Theorie zur ACT-R-Theorie, indem er unter anderem die Möglichkeit einräumte, dass mit zunehmender Übung erfolgreiche Prozeduren durch effizientere ersetzt werden können. Somit ist ein grundsätzlicher Wechsel der Bearbeitungsstrategie im Übungsverlauf möglich.[46]

3.3.2.2.2 Die Instanzentheorie nach *Logan*

Die Instanzentheorie nach *Logan*[47] und verwandte Modelle[48] sind von der Beobachtung geprägt, dass Routinetätigkeiten schnell, ohne große Anstrengungen und ohne großes Nachdenken, also automatisch, ausgeführt werden. *Logan* versteht dabei Automatisierung als einzeln erfolgende Gedächtnisabrufe: Er nennt die Ausführung einer Tätigkeit automatisch, wenn sie in einem Schritt Erinnerungen vorheriger Ausführungen aus dem Gedächtnis abruft.[49] In *Logans* Instanzentheorie beginnt ein Novize zunächst mit einem allgemeinen Algorithmus, der die korrekte Aufgabenausführung beschreibt. Mit dem Übungszuwachs entstehen Erinnerungen an bisher erfolgte Aufgabenlösungen. Der Novize hat bei erneutem Auftreten seines Problems die Möglichkeit, den Algorithmus oder eine solche Erinnerung zur Lösung heranzuziehen. Er wählt den Algorithmus, wenn er der Meinung ist, dieser würde ihm eine schnellere Aufgabenbearbeitung ermöglichen. Je mehr Erinnerungen vorliegen, desto höher ist die Wahrscheinlichkeit, dass eine der Erinnerungen eine schnellere Lösung als der Algorithmus verspricht. Diese wird zur Aufgabenbearbeitung herangezogen. Somit finden also zwei Arten von „Wettläufen" statt. Zunächst zwischen den Erinnerungen an bisherige Aufgabenlösungen, anschließend zwischen der Erinnerung, die mit der kürzesten Ausführungszeit verbunden ist, und dem Algorithmus. Ab einem bestimmten Zeitpunkt gibt es eine Erinnerung, die zu einer schnelleren Lösung führt als der Algorithmus. Die Aufgabenbearbeitung erfolgt von hier an ausschließlich gedächtnisbasiert. Unter der Annahme, dass die Ausführungszeiten der Erinnerungen den gleichen Wahrscheinlichkeitsverteilungen unterliegen, konnte *Logan* analytisch nachweisen, dass das Minimum aller erlangten Erinnerungen, die bis zu einem Zeitpunkt t realisiert wurden, dem Potenzgesetz der Übung folgt. Dies gilt ebenso für die Standardabweichung der Minima. Beide Potenzfunktionen verfügen zudem über den gleichen Exponenten b.
Zwar führt *Logan* an, dass die algorithmusbasierte Ausführung selbst dann den Wettlauf mit den Erinnerungen verlieren würde, wenn sie mit zunehmender Übung schneller

[45] Vgl. Anderson (1996), S. 279 f.
[46] Vgl. Anderson (1993).
[47] Vgl. Logan (1988).
[48] Vgl. zum Beispiel Palmeri (1997).
[49] Vgl. Logan (1988), S. 492.

ausgeführt würde, ein grundsätzlicher Wechsel in der Bearbeitungsstrategie ist jedoch nicht vorgesehen. Dies würde zu anders gearteten Erinnerungen führen, die nicht mit den bisher erworbenen in Konkurrenz treten können. Ein solcher Fall ist jedoch in *Logans* Instanzentheorie nicht vorgesehen.

3.3.2.2.3 Das Potenzgesetz der Übung unter Berücksichtigung eines strategischen Wechsels der Bearbeitungsstrategie

Beiden vorgestellten Modellen zum Erwerb kognitiver Fertigkeiten ist gemeinsam, dass sie der Erklärung trainingsbedingter Beschleunigung der Aufgabenbearbeitung dienen sollen. Konsens besteht zwischen den vorgestellten Modellen auch darin, dass die Annahme getroffen wird, dass die postulierten Lernmechanismen zur Vorhersage des Potenzgesetzes der Übung führen müssen.[50] Ihr Ziel war somit, Lernmechanismen zu postulieren, die eine kontinuierliche, aber abnehmende Reaktionszeitverbesserung erklären. Dargestellte Verbesserungen der Reaktionszeit ergeben sich somit ausschließlich aus der wiederholten Aufgabenbearbeitung.[51] Beide nehmen bezüglich dieses Übungseffektes an, dass wiederholte Aufgabenbearbeitung zu einer graduellen Reduktion kognitiver Verarbeitungsschritte führt. Die ungeübten Handlungen werden somit langsam und fehlerhaft ausgeführt, während sie später schneller und besser erledigt werden. Dies wird damit erklärt, dass zunächst die Anwendung verschiedener kognitiver Teilprozesse nötig ist, während später nur noch ein einziger Gedächtnisaufruf einer Prozedur[52] beziehungsweise einer Gedächtnisepisode[53] erfolgt.

Ein möglicher strategischer Wechsel der Bearbeitungsstrategie als eine Ursache übungsbedingten Lernzuwachses wird in beiden Modellen nicht untersucht. Für einen solchen Wechsel sprechen Untersuchungen von *Rickard*[54] und *Delaney et al.*[55], die beobachteten, dass, selbst wenn Potenzfunktionen ausreichend gut ($R^2 > 0,95$) an empirische Lernkurven angepasst werden können, die experimentell bestimmten Daten systematische Abweichungen aufweisen. Beide Autoren wiesen nach, dass separate Potenzfunktionen wesentlich besser an die beobachteten Daten angepasst werden können, führen dies allerdings darauf zurück, dass gemäss den Erkenntnissen von *Logan* zunächst eine algorithmusbasierte und anschließend eine gedächtnisbasierte Aufgabenbearbeitung erfolgt. Diesen unterschliedlichen Bearbeitungsweisen entsprächen nach ihren Hypothesen unterschiedliche Potenzfunktionen.

---

50 Vgl. Haider und Frensch (1997), S. 523.
51 Vgl. Logan (1988), S. 495 und Anderson (1996), S. 277.
52 Vgl. Anderson (1996), S. 279.
53 Vgl. Logan (1988), S. 494.
54 Vgl. Rickard (1997).
55 Vgl. Delaney u. a. (1998).

Haider und *Frensch*[56] konnten in ihren Arbeiten jedoch nachweisen, dass ein solcher Sprung zwischen Potenzfunktionen auch auf einen bewussten Wechsel der Bearbeitungsstrategie zurückgeführt werden kann. Sie verwendeten dazu sogenannte alphabetische Zeichenfolgen, die, sofern sie korrekt sind, aus im Alphabet aufeinanderfolgenden Buchstaben und einem Buchstabe-Zahl-Buchstabe-Tripel bestehen, wobei die Zahl innerhalb des Tripels die Anzahl der zwischen den Buchstaben fehlenden Buchstaben angibt.[57] Aufgabe der Probanden in den Untersuchungen von *Haider* und *Frensch* war es, solche Zeichenfolgen komplett auf ihre Richtigkeit hin zu überprüfen. Diese waren jedoch so gewählt, dass Fehler zunächst ausschließlich in der Buchstabe-Zahl-Buchstabe Kombination enthalten waren. Diese Besonderheit wurde den Versuchspersonen nicht bekannt gegeben. Um zu überprüfen, ob die Probanden diese Eigenheit im Versuchsablauf erkannt hatten, wurde am Ende des Experiments ein Transferblock vorgegeben, der auch Fehler ausserhalb des Tripels aufwies. Anhand von Einzelfallstudien konnten die Autoren nachweisen, dass bei Anpassung einer Potenzfunktion an die empirisch ermittelten Daten systematische Abweichungen vorlagen, bei Anpassung zweier separater Funktionen jedoch nicht. Ebenso konnte gezeigt werden, dass die beobachteten Unstetigkeiten auf einem strategischen Wechsel der Bearbeitungsstrategie beruhten. Dieser Wechsel wurde als ein vom Individuum bewusst vorgenommener Wechsel identifiziert.[58]

Zusammenfassend kann somit gesagt werden, dass im informationstheoretischen Ansatz des Problemlösens das Potenzgesetz der Übung als allgemeingültig, ja sogar als Bewährungsprobe für Modelle des kognitiven Fertigkeitserwerbs betrachtet wird, sofern kein strategischer Wechsel der Bearbeitungsstrategie stattfindet. Sollte solch ein Wechsel stattfinden, kann dies nur mit der Anpassung an eine separate Potenzfunktion erfolgen. Ein Wechsel der Bearbeitungsstrategie ist auf die willentliche Entscheidung des ausführenden Individuums zurückzuführen.

In Anlehnung an die Erkenntnisse des informationstheoretischen Ansatzes des Problemlösens werden im weiteren Lernkurven der Form

$$t(n) = k_1 + k_2 \cdot n^{-b}$$

betrachtet und für die Modellierung von Prinzipal-Agent-Beziehungen genutzt. Diese Form des Rückgangs der Bearbeitungszeit durch Übung wurde sowohl für kognitive Pro-

56 Vgl. Haider und Frensch (1996), Haider und Frensch (1999a),Haider und Frensch (1999b) und Haider und Frensch (2002).

57 So ist zum Beispiel die Folge A B C [3] G H korrekt, während dies bei C D E [3] H nicht der Fall ist.

58 Vgl. Haider und Frensch (2002), S. 398.

zesse wie etwa mathematische Beweisführung als auch für überwiegend mechanische Arbeiten[59] nachgewiesen. Das Potenzgesetz der Übung kann somit auf dispositive Tätigkeiten ebenso wie auf die betriebliche Produktion angewendet werden. Um seinen Einfluss auf die optimale Vertragsgestaltung zwischen Prinzipal und Agent zu untersuchen, sollen zunächst grundlegende Ansätze der Prinzipal-Agent-Theorie vorgestellt werden.

59 Vgl. Crossman (1959).

4 Ausgewählte Ansätze der Prinzipal-Agent-Theorie

4.1 Das Grundproblem der Prinzipal-Agent-Theorie

In jedem Unternehmen, welches aus mehr als einer Person besteht, sind innerbetriebliche Arbeitsteilung und Kooperation grundlegend zur Erreichung des unternehmerischen Sachziels.[1] Darüber hinaus finden sich solche Beziehungen auch unternehmensübergreifend, wie zum Beispiel zwischen Zulieferer und Abnehmer oder Fremdkapitalgeber und Unternehmen.

Diesen arbeitsteiligen Beziehungen ist meist gemein, dass eine Partei, der Prinzipal, eine Aufgabe nicht selbst übernimmt, sondern an eine zweite Partei, den Agenten, delegiert. Eine zentrale Fragestellung der Analyse derartiger Beziehungen ist, inwieweit der Prinzipal sicherstellen kann, dass der Agent in seinem Sinne handelt.[2] Dies kann durch die Festlegung beiderseitiger Vereinbarungen in Form eines Vertrages niedergelegt werden. Als Vertrag wird dabei im Folgenden ein Übereinkommen zwischen zwei Parteien verstanden, in dem für alle möglichen Ereignisse, die im Verlauf der vertraglichen Beziehungen auftreten können, die Beiträge zur gemeinsamen Zusammenarbeit und die Beteiligung am Erfolg im Voraus festgelegt werden.[3] Entscheidendes Vertragsmerkmal ist seine Verifizierbarkeit. Insbesondere sollte eine dritte Partei, wie etwa ein Gericht, in der Lage sein, zu erkennen, ob ein Vertragselement eingetreten ist oder nicht. Jede Partei kann also die Vertragserfüllung gerichtlich durchsetzen.

Im Folgenden wird davon ausgegangen, dass beide Parteien nur durch solch einen Vertrag zu adäquatem Verhalten gezwungen werden können. Das Handeln beider Parteien ist darüber hinaus ausschließlich an der eigenen Nutzenmaximierung ausgerichtet. Dies kann zu Interessenkonflikten zwischen Prinzipal und Agent führen, die entsprechend der vertraglichen Regelungen gelöst werden können. Dieser potentielle Interessenkonflikt ist eine grundlegende Annahme der Prinzipal-Agent-Theorie[4] und basiert auf den im Folgenden zu erläuternden Annahmen über beide Parteien.

---

1 Vgl. Jost (2000), S. 17 ff.
2 Vgl. Jost (2001), S. 12.
3 Vgl. Schweizer (1999), S. 6.
4 Vgl. Jost (2001), S. 12.

Der Prinzipal ist an einem höchstmöglichen Arbeitseinsatz des Agenten interessiert und entlohnt diesen auf Basis einer Erfolgsgröße x, die unter anderem durch die Höhe des Arbeitseinsatzes a des Agenten bestimmt ist. Ziel des Prinzipalen ist es, seinen Nutzen, der sich aus der Differenz aus Erfolgsgröße und Entlohnung $s(x)$ des Agenten ergibt, zu maximieren:

$$U_P(x, s(x)) \rightarrow \max \tag{4.1}$$

Damit ist er an einem möglichst hohen Arbeitseinsatz dieser Partei interessiert, wobei ihm deren Entlohnung allerdings einen Nutzenentgang bereitet.
Dem Agenten dagegen entstehen durch die Vertragsgestaltung Kosten etwa in Form von Arbeitsleid, die aus seiner Sicht so gering wie möglich zu halten sind. Sein Ziel ist es, seine Entlohnung abzüglich dieser Kosten zu maximieren.

Im Rahmen der Gestaltung der vertraglichen Beziehung muss berücksichtigt werden, dass der Agent den Vertrag auch ablehnen kann. Dies wird er immer dann tun, wenn der maximal aus der Vertragsbeziehung resultierende Nutzen einen bestimmten Reservationsnutzen $\overline{U}_A$ unterschreitet, dass heißt, es muss eine zulässige Aktion a aus dem Aktionenraum A geben, für die

$$U_A(s(a), a) \geq \overline{U}_A \tag{4.2}$$

gilt. Diese Beziehung wird Teilnahmebedingung genannt. $U_A(s(a), a)$ bezeichnet dabei die Nutzenfunktion des Agenten, abhängig von der Entlohnung $s(a)$ und dem Arbeitseinsatz a des Agenten. Es gilt

$$\frac{\partial U_A(\cdot)}{\partial s(\cdot)} > 0 \quad \text{und} \quad \frac{\partial U_A(\cdot)}{\partial a} < 0. \tag{4.3}$$

Des Weiteren muss der Prinzipal bei der Vertagsgestaltung berücksichtigen, dass der Agent stets die Aktion $a^* \in A$ wählt, die seinen eigenen Nutzen maximiert (Anreizkompatibilitätsbedingung):

$$a^* = \arg\max_{a \in A} U_A(s(a), a).$$

Könnte der Prinzipal die Aktionen des Agenten beobachten, so würde er sie zum Gegenstand des Vertrags machen. Dessen Gestaltung wäre trivial: Der Prinzipal muss lediglich sicherstellen, dass der Agent seinen Reservationsnutzen erhält, sofern er sich im Sinne des Auftraggebers verhält. Tut er dies nicht, wird er auch keine Entlohnung erhalten.[5] In einem solchen Fall besitzen beide Parteien den selben Informationsstand, es liegt also

[5] Die Anreizkompatibilitäts- und die Teilnahmebedingung sind in diesem Fall erfüllt. Der Agent erhält bei Wohlverhalten seinen Reservationsnutzen, und er wird die aus Sicht des Prinzipalen optimale Aktion wählen, da er ansonsten keinen Lohn erhält.

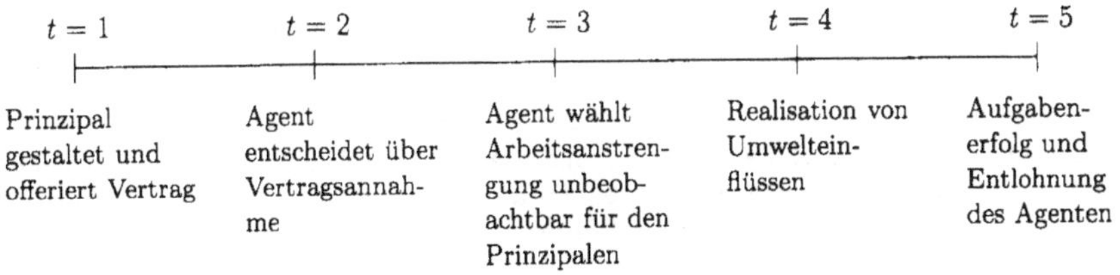

Abbildung 4.1: Entscheidungsablauf in der Hidden-Action-Situation
Quelle: erstellt nach Jost (2001), S. 26

symmetrische Information[6] vor.

Ist dies nicht der Fall, so wird von einer asymmetrischen Informationsverteilung gesprochen. Meist werden dem Prinzipalen die zur Gestaltung und Durchsetzung des Wohlverhaltens des Agenten nötigen Informationen nicht in vollem Umfang zur Verfügung stehen. Ein solches Informationsdefizit kann der Agent zum Nachteil des Prinzipalen nutzen. Je nach Art des Informationsdefizits unterscheidet man zwischen Situationen, in denen „Hidden Action", „Hidden Information" und „Hidden Characteristics" vorliegen.[7]

„Hidden Action"

Diese Form des Informationsdefizits tritt auf, wenn der Prinzipal das Verhalten des Agenten nicht unmittelbar beobachten kann und eine Verhaltenskontrolle mit prohibitiv hohen Kosten verbunden wäre. Die Interaktion zwischen Prinzipal und Agent kann wie in Abbildung 4.1 dargestellt beschrieben werden.

Zwischen dem Verhalten des Agenten und dem Erfolg der Aufgabendurchführung besteht nun kein eindeutiger Zusammenhang mehr. Ein schlechtes Ergebnis könnte sowohl auf mangelndem Arbeitseinsatz des Agenten als auch auf ungünstigen Umweltzuständen beruhen. Umgekehrt kann trotz geringem Arbeitseinsatz des Agenten unter günstigen Umweltbedingungen ein positiver Aufgabenerfolg resultieren.

„Hidden Information"

Bei einer solchen Form des Informationsdefizits kann der Prinzipal das Verhalten des Agenten zwar beobachten, ist jedoch nicht in der Lage, zu beurteilen, ob der Agent in seinem Sinne gehandelt hat. Der Agent entscheidet hier nach der Realisation exogener Einflussfaktoren, wie in Abbildung 4.2 beschrieben. Ein mittelmäßiger Aufgabenerfolg

6 Beide Parteien verfügen dabei über die gleichen Informationen. Insbesondere ist dem Prinzipalen der vom Agenten gewählte Arbeitseinsatz bekannt.

7 Vgl. Arrow (1985).

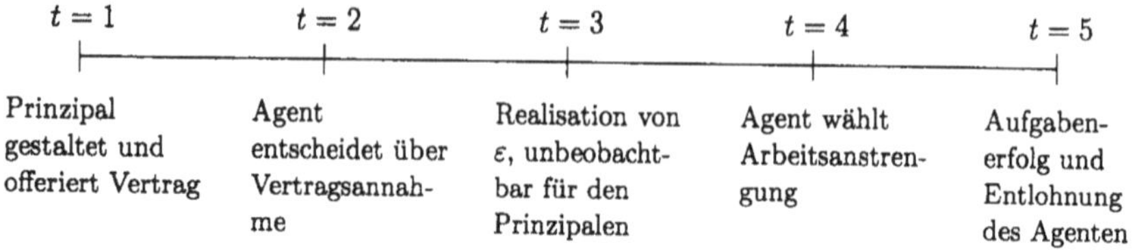

Abbildung 4.2: Entscheidungsablauf in der Hidden-Information-Situation
Quelle: erstellt nach Jost (2001), S. 30

wäre hier zum einen durch eine nicht angepasste, zu geringe Arbeitsanstrengung nach der Realisation günstiger Umwelteinflüsse, aber auch durch eine optimale Arbeitsanstrengung bei der Realisation ungünstiger Umweltzustände zu erklären. Der Prinzipal ist somit nicht in der Lage zu beurteilen, ob das Verhalten des Agenten den eintretenden Umwelteinflüssen gerecht wurde oder nicht. Auch hier tritt, wie im „Hidden Action"-Fall, das Problem eines möglichen moralischen Fehlverhaltens des Agenten auf. Dies zu beheben, ist Aufgabe einer adäquaten Vertragsgestaltung.

„Hidden Characteristics"

Die hier zu beschreibende Form der Informationsasymmetrie resultiert im Gegensatz zu den beiden bisher erläuterten Arten nicht aus exogenen Störfaktoren, sondern aus den vor der Vertragsgestaltung unbeobachtbaren Eigenschaften des Agenten. Dies können sowohl Charaktereigenschaften als auch Qualifikationsmerkmale sein.[8] Die zeitliche Struktur dieses Informationsdefizits kann wie in Abbildung 4.3 dargestellt beschrieben werden. Die Eigenschaften des Agenten werden auch als „Typ" bezeichnet und sind nur dem Agenten bekannt. Der Prinzipal hingegen besitzt nur Informationen über die Verteilung der als exogene Zufallsvariable modellierten Charaktereigenschaften. Hier besteht die Gefahr des Anbietens eines Vertrages, der aus Sicht des Prinzipalen für den vorliegenden Typen des Agenten nicht optimal ist.

4.2 Statische Ansätze der Prinzipal-Agent-Theorie

4.2.1 Ein allgemeiner Ansatz

Im Weiteren soll das Hidden-Action-Problem näher erläutert werden, da es den Rahmen für die weiteren Untersuchungen bildet. Der Prinzipal verfügt über alle nötigen Informationen bezüglich des Charakters des Agenten und der Verteilung der Umweltzustände.

[8] Vgl. Jost (2001), S. 28.

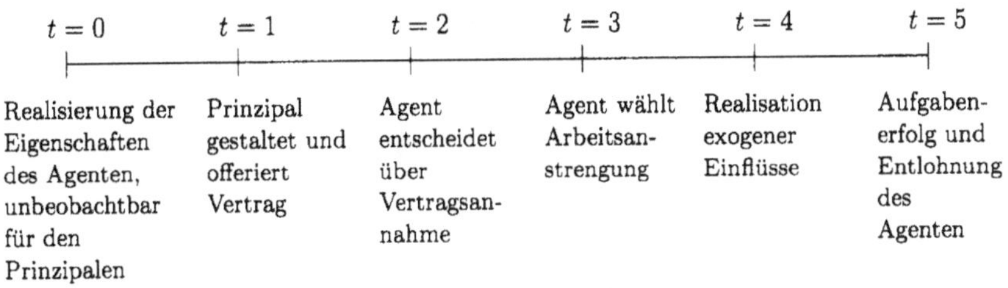

Abbildung 4.3: Entscheidungsablauf in der Hidden-Characteristics-Situation
Quelle: erstellt nach Jost (2001), S. 28

Einzig unbekannt und für den Prinzipalen unbeobachtbar ist der vom Agenten gewählte Arbeitseinsatz. Allerdings hängt das Ergebnis x von der vom Agenten gewählten Aktion a und einem von beiden Parteien nicht beobachtbaren Umweltzustand ε ab:

$$x = x(a, \varepsilon). \tag{4.4}$$

Die Verteilung von ε sei $F(\varepsilon)$ und beiden Parteien bekannt. Der Agent erhalte vom Prinzipalen eine ergebnisabhängige Entlohnung $s(x)$, die vertraglich festgelegt ist. Der Prinzipal erwirtschaftet damit einen Gewinn von $x(a, \varepsilon) - s(x(a, \varepsilon))$. Beide Parteien maximieren ihren Erwartungsnutzen, wobei

$$U_P(x(a, \varepsilon) - s(x(a, \varepsilon))) \tag{4.5}$$

die Nutzenfunktion des Prinzipalen und

$$U_A(s(x(a, \varepsilon)), a) \tag{4.6}$$

die Nutzenfunktion des Agenten seien. Unter der Annahme, dass beide Parteien von Neumann-Morgenstern-Nutzenfunktionen besitzen[9] und der Prinzipal risikoneutral agiert, lässt sich U_P mittels

$$U_P(x(a, \varepsilon) - s(x(a, \varepsilon))) = x(a, \varepsilon) - s(x(a, \varepsilon)) \tag{4.7}$$

[9] Dies ist eine in der Prinzipal-Agent-Theorie häufig genutzte Annahme. Vgl. etwa Holmstrøm (1979), Grossman und Hart(1983), Wagenhofer und Ewert (1993), Pfeiffer (1997), Jost (2001b).

vereinfachen.[10] Die Nutzenfunktion des Agenten wird als separabel in Einkommen und Arbeitseinsatz angesehen:

$$U_A(s(x(a,\varepsilon)),a) = v(s(x(a,\varepsilon))) - w(a), \tag{4.8}$$

wobei

$$v'(s(x(a,\varepsilon))) > 0, \quad v''(s(x(a,\varepsilon))) \leq 0, \quad w'(a) > 0, \quad w''(a) \geq 0$$

gilt.[11] Die Funktion v bezeichnet die vom Einkommen des Agenten abhängige Nutzenfunktion, w beschreibt den aus dem Arbeitseinsatz resultierenden Disnutzen. Der Agent wird nur dann eine vertragliche Beziehung mit dem Prinzipalen eingehen, wenn mindestens eine Aktion $\hat{a}$ aus der Menge aller zulässigen Aktionen A existiert, mit der er seinen Reservationsnutzen erzielen kann, so dass die Teilnahmebedingung

$$\exists \hat{a} \in A : E(U_A(s(x),\hat{a})) \geq \overline{U}_A \tag{4.9}$$

gilt.

Als Referenzsituation soll der Fall symmetrischer Informationsverteilung zwischen Prinzipal und Agent erläutert werden. Hier sind dem Prinzipalen sämtliche relevanten Informationen, insbesondere der vom Agenten gewählte Arbeitseinsatz a, bekannt und können somit auch zum Gegenstand des Vertrages gemacht werden. Der zu wählende Arbeitseinsatz a kann also vom Prinzipalen vorgegeben werden.

Zunächst soll die optimale Aufteilung des Risikos untersucht werden. In Anlehnung an Rees (1985) kann das Optimierungsproblem des Prinzipalen durch Nutzung eines Lagrangemultiplikators λ mittels

$$-1 + \lambda \cdot v' \stackrel{!}{=} 0 \quad \forall x \in X \tag{4.10}$$

gelöst werden.[12] Dabei sei X der Raum der möglichen Handlungsergebnisse. Die notwendige Bedingung ist also durch

$$\frac{1}{v'} = \lambda \tag{4.11}$$

gegeben. Wegen $v' > 0$ ist $\lambda > 0$, die Teilnahmebedingung ist damit immer bindend. Für den Fall eines risikoneutralen Prinzipalen folgt daraus eine konstante Entlohnung des Agenten.[13] Die Entlohnung des risikoaversen Agenten ist somit unabhängig vom erzielten

---

10 Vgl. dazu etwa Demougin und Jost (2001), S. 47.

11 Vgl. ebenda.
Dabei sei $v'(s(x(a,\varepsilon))) = \frac{d}{dy}v(y)\Big|_{y=s(x(a,\varepsilon))}$.

12 Vgl. zur Herleitung Rees (1985), S. 7.

13 Vgl. Harris und Raviv (1979), S. 244.

Ergebnis, der Prinzipal trägt das Risiko allein. Da sich die dem Agenten gezahlte Entlohnung negativ auf den Gewinn des Prinzipalen auswirkt, versucht dieser, dem Agenten so wenig wie möglich zu zahlen. Der Agent erhält somit nur seinen Reservationsnutzen $\overline{U}_A$.[14]

Eine konstante Entlohnung führt jedoch dazu, dass der Agent wegen $w'(a) > 0$, $w''(a) > 0$ sowie der Gültigkeit der Anreizkompatibilitätsbedingung einen Arbeitseinsatz von $a = 0$ wählt. Ein damit erzieltes Ergebnis x kann durch den Agenten als Wirkung der exogenen Zufallsvariablen erklärt werden. Damit führt eine konstante Entlohnung zwar zur optimalen Risikoallokation, hat allerdings das Fehlverhalten des Agenten zur Folge. Dies ändert sich jedoch, wenn der Prinzipal die Aktion des Agenten beobachten kann und somit die Entlohnung $s(a)$ abhängig von der Aktion des Agenten wählen kann. Auch hier ist es aus Sicht des Prinzipalen optimal, wenn der Agent nur seinen Reservationsnutzen realisiert. Somit gilt für das optimale Gehalt $s^*(a)$:

$$v(s^*(a)) - w(a) = \overline{U}_A \Leftrightarrow s^*(a) = v^{-1}(\overline{U}_A + w(a)) \tag{4.12}$$

Wegen der strengen Monotonie von v existiert die Inverse v^{-1}. Ebenso folgt dieser Eigenschaft und der Differnzierbarkeit von v

$$\frac{dv^{-1}}{ds(a)} > 0 \tag{4.13}$$

und somit auch $s^{*'}(a) > 0$ und $(s^{*'})^{-1}(a) > 0$. Eine höhere Arbeitsanstrengung kann also nur durch eine höhere Entlohnung induziert werden. Der aus Sicht des Prinzipalen optimale Arbeitseinsatz a^* wird durch

$$a^* \in \arg\max_{a \in A} \left(\int x f(x|a) dx - v^{-1}(\overline{U}_A + w(a)) \right) \tag{4.14}$$

bestimmt, wobei $f(x|a)$ die bedingte Dichtefunktion von x bezeichne. Die tatsächlich gezahlte Entlohnung $s^*(a^*)$ folgt aus dem optimalen Arbeitseinsatz.

Das Vorliegen asymmetrischer Information ist Gegenstand der Second-Best-Situation. Der Prinzipal kann hier weder den Arbeitseinsatz des Agenten noch die exogene Variable ε beobachten. Unter der Voraussetzung der Differenzierbarkeit der Funktionen $f(x|a)$ und

---

[14] Dies wird durch $\lambda > 0$ impliziert, was zeigt, dass die Teilnahmebedingung bindend ist.

$w(a)$ lässt sich die Anreizkompatibilitätsbedingung mittels

$$\int v(s(x))f_a(x|a^*)dx - w'(a^*) = 0 \tag{4.15}$$

angeben. Das Optimierungsproblem des Prinzipalen kann nun mittels Lagrange-Multiplikatoren durch

$$\frac{1-s^*(x)}{v(s^*(x))} = \lambda + \mu\frac{f_a(x,a^*)}{f(x,a^*)} \quad ,\forall x \in X \tag{4.16}$$

und

$$\int (x - s^*(x))f_a(x,a^*)dx + \mu\left(\int v(s^*(x))f_{aa}(x,a^*)dx - w'(a^*)\right) = 0$$

gelöst werden.[15]

Auf Basis der genannten Eigenschaften der Nutzenfunktionen beider Parteien konnten grundlegende Eigenschaften der Lösung des Optimierungsproblems nachgewiesen werden.[16] Der Agent erreicht im Falle additiv separabler Nutzenfunktionen beider Parteien nur seinen Reservationsnutzen, die Teilnahmebedingung ist damit bindend und es gilt $\lambda > 0$.[17] Ist die Verteilungsfunktion der Ergebnisse streng monoton fallend in a[18] und gilt für die Arbeitsleidfunktion $w'(a) > 0$, so ist auch die Anreizbedingung aktiv, das heißt es gilt $\mu > 0$.[19] *Holmstrøm* (1979) untersuchte weiter, inwieweit die Risikoallokation von der First-Best-Lösung abweicht, also inwiefern ein risikoneutraler Prinzipal das Risiko allein trägt. Dabei konnte gezeigt werden, dass dies nur für

$$\frac{f_a(x,a)}{f(x,a)} = 0 \tag{4.17}$$

gilt, das heißt $f_a(x,a) = 0$ wäre eine zwingende Voraussetzung für die alleinige Risikoübernahme durch den Prinzipalen.[20] Dies widerspricht allerdings der Bedingung stochastischer Dominanz erster Ordnung. Somit wird auch der Agent am unternehmerischen Risiko beteiligt, die Berücksichtigung der Anreizproblematik erfordert also ein Abweichen von der optimalen Risikoallokation.

Holmstrøm untersuchte weiter die Beziehung zwischen der optimalen Entlohnungsfunktion $s_{fb}(x)$ der First-Best-Situation und der optimalen Entlohnungsfunktion $s_{sb}(x)$ der

---

15 Zur Herleitung vergleiche Rees (1985), S. 20 ff.

16 Vgl. Grossman und Hart (1983), S. 16 und Holmstrøm und Milgrom (1987), S.78.

17 Vgl. Grossman und Hart (1983), S. 16, Korrolar 2.

18 Sie muß also der stochastischen Dominanz erster Ordnung genügen: Die Erhöhung des Arbeitseinsatzes a führt dazu, dass sich die Wahrscheinlichkeiten des Erreichens höherer Ergebnisse verbessern.

19 Vgl. Holmstrøm (1979), S. 90.

20 Vgl. Holmstrøm (1979), S. 83.

Second-Best-Situation. Auf Grund der notwendigen Bedingungen für das Vorliegen eines Optimums kann die Aussage getroffen werden, dass

$$s^*_{sb}(x) \geq s^*_{fb}(x) \qquad x \in X^+ = \{x | f_a(x, a^*_{sb}) \geq 0\} \tag{4.18}$$

$$s^*_{sb}(x) < s^*_{fb}(x) \qquad x \in X^- = \{x | f_a(x, a^*_{sb}) < 0\} \tag{4.19}$$

gilt. Bei Ergebnissen $x \in X$, deren Eintrittswahrscheinlichkeit bei Erhöhung des Arbeitseinsatzes zunimmt, erhält der Agent also eine höhere Entlohnung als im First-Best-Fall. Für risikoneutrale Prinzipale konnte daraus abgeleitet werden, dass die optimale Entlohnungsfunktion nicht konstant im erzielten Ergebnis x ist.[21]

Da die zulässigen Lösungen des Second-Best-Problems eine Teilmenge der zulässigen Lösungen des First-Best-Problems bilden, kann der erwartete Nutzen des Prinzipals im Second-Best-Fall höchstens so groß sein wie in der First-Best-Situation. Es konnte für den Fall eines risikoaversen Agenten, des Vorliegens stochastischer Dominanz erster Ordnung sowie $w' > 0$ nachgewiesen werden, dass der erwartete Nutzen des Prinzipalen im Second-Best-Fall geringer ist.[22]

Dies kann damit erklärt werden, dass dem Agenten durch die Risikoteilung eine risikobehaftete Entlohnung ausbezahlt wird. Die Risikoübernahme stellt für ihn einen Nutzenentgang dar, für den er durch eine höhere Entlohnung entschädigt werden muss, was wiederum den Nutzen des Prinzipalen schmälert.

Die erläuterten Eigenschaften der Lösung des allgemeinen Prinzipal-Agent-Problems geben zwar erste Empfehlungen für die Ausgestaltung eines optimalen Vertrages, sie können jedoch auf Grund der Allgemeinheit der zu Grunde liegenden Annahmen nicht zu konkreten Vorgaben für Entlohnungen führen. Das folgende Modell kann durch Verschärfung dieser Annahmen Vorschläge zur Ausgestaltung des optimalen Vertrages treffen.

4.2.2 *Das LEN-Modell nach Spremann*

Das LEN-Modell stellt ein spezielles Prinzipal-Agent-Modell dar, welches in der Literatur oft zur Vereinfachung der komplexeren, oben diskutierten allgemeinen Bedingungen genutzt wird.[23] Die getroffenen Annahmen sind in Tabelle 4.2.2 dargestellt.

Die exogen vorgegebenen Parameter sind der Grad der Risikoaversion des Agenten r, sein

---

21 Vgl. Rees (1985), S. 25.

22 Vgl. Holmstrøm (1979), S. 78, Korollar 2.

23 Vgl. Spremann (1987), Neuss (1989), Laux und Schenk-Mathes (1992), Wagenhofer und Ewert (1993a), Wagenhofer und Ewert (1993b), Pfeiffer (1997), Hofmann (2001).

L:	Das Ergebnis x ist eine lineare Funktion über die Zufallsgröße ε und dem Arbeitsleid a des Agenten: $x = a + \varepsilon.$ Der Agent erhält eine Entlohnung, die linear vom Ergebnis abhängt: $s(x) = v_1 x + v_2.$
E:	Der Prinzipal ist risikoneutral und der Agent besitzt eine exponentielle Nutzenfunktion: $U_A(s(x), a) = -e^{-r(s(x)-\frac{a^2}{2})}.$
N:	Die Zufallsvariable ε ist normalverteilt mit dem Erwartungswert null und der Varianz σ^2: $\varepsilon \sim N(0, \sigma^2).$

Tabelle 4.1: Grundannahmen des LEN-Modells

Reservationsnutzen $\overline{U}_A$ sowie die Varianz σ^2 der Zufallsgröße ε. Endogen im Modell zu bestimmen sind dagegen der Arbeitseinsatz a des Agenten, der dem Agenten zu zahlende Anteil v_1 am Ergebnis x sowie das Fixgehalt v_2.

Es ist zu erwähnen, dass das LEN-Modell die Gleichung 4.8 und die Bedingung der stochastischen Dominanz erster Ordnung der zugrundeliegenden Verteilungsfunktion erfüllt, wenn statt der Nutzenfunktion U_A des Agenten sein Sicherheitsäquivalent[24] $U_A^S = E(s(x)) - \frac{a^2}{2} - \frac{r}{2}\sigma^2$ zur Modellierung des Agentennutzens verwendet wird.

4.2.2.1 Die First-Best-Situation

Das LEN-Modell schränkt im Gegensatz zur allgemeinen Formulierung im vorherigen Kapitel die Menge der zulässigen Entlohnungsfunktionen stark ein. Allerdings konnte für den Fall von Nutzenfunktionen mit konstantem Arrow-Pratt-Maß[25], der auch hier vorliegt, gezeigt werden, dass für eine optimale Entlohnungsfunktion im First-Best-Fall Linearität gilt.[26]

Da der Prinzipal hier den Arbeitseinsatz des Agenten direkt beobachten kann, ist es wegen der Risikoneutralität des Prinzipalen und der Risikoaversion des Agenten nicht optimal, Letzteren am Risiko zu beteiligen. Die Entlohnung des Agenten basiert somit allein auf dessen Arbeitseinsatz und wird durch

$$s(a) = v_1 \cdot a + v_2 \tag{4.20}$$

24 Das Sicherheitsäquivalent S_A bezeichnet diejenige sichere Auszahlung, bei der der Agent indifferent bezüglich der unsicheren Entlohnung und dem Betrag S_A ist. (Vgl. Bamberg und Coenenberg (2000), S. 89.) Zur Herleitung vergleiche Anhang A.

25 Das Arrow-Pratt-Maß ist als $-\frac{U''}{U'}$ definiert.

26 Vgl. Rees (1985), S. 9.

beschrieben. Aus Sicht des Prinzipalen ist eine Entlohnung der Form

$$v_2^* = \overline{U}_A + \frac{1}{2} \tag{4.21}$$

$$v_1^* = 0 \tag{4.22}$$

optimal, die gewinnmaximierende Aktion kann vom Prinzipalen vertraglich bei $a^* = 1$ festgelegt werden, da sie beobachtbar ist.[27]

4.2.2.2 *Die Second-Best-Situation*

In der Second-Best-Situation sind in der Regel lineare Entlohnungsfunktionen nicht optimal, selbst wenn die Bedingungen der exponentiellen Nutzenfunktion und der normalverteilten Zufallsgröße gelten.[28] Dennoch wird dieses Modell häufig zur Analyse von Agency-Beziehungen genutzt, da die Optimierungsprobleme von Prinzipal und Agent so direkt lösbar sind.[29]

Hier erfolgt die Lösung des Optimierungsproblems, indem untersucht wird, welchen Arbeitseinsatz der Agent bei gegebenem Fixum v_2 und gegebenem variablen Anteil v_1 wählen würde. Es wird zunächst davon ausgegangen, dass der Agent sein Sicherheitsäquivalent maximiert. Dieses lässt sich im LEN-Modell mittels

$$S_A = v_1 a + v_2 - \frac{a^2}{2} - \frac{r}{2} v_1^2 \sigma^2 \tag{4.23}$$

angeben.[30] Das Sicherheitsäquivalent wird durch

$$a^* = v_1 \tag{4.24}$$

maximiert. Der tatsächlich geleistete Arbeitseinsatz entspricht also dem Gewinnanteil, den der Agent erhält. Die Teilnahmebedingung erhält somit die Form

$$\overline{U}_A = v_1^{*^2} + v_2 - \frac{v_1^{*^2}}{2} - \frac{r}{2} v_1^{*^2} \sigma^2 \tag{4.25}$$

---

27 Vgl. Blickle-Liebersbach (1989), S. 43 ff.

28 Vgl. Mirrlees (1974), S. 248 f.; Holmstrøm (1979), S. 239 ff.; Wagenhofer und Ewert (1993a), S. 378.

29 Vgl. etwa Spremann(1987), Wagenhofer und Ewert (1993a), Blickle-Liebersbach (1989), Pfeiffer (1997).

30 Zur Herleitung wird auf Wolfstetter (1999), S. 347 ff. verwiesen.

und die Zielfunktion des Prinzipalen kann durch

$$EU_P = a - av_1 + v_1^2 - \overline{U}_A - \frac{v_1^2}{2} - \frac{r}{2}v_1^2\sigma^2 \quad (4.26)$$

$$= v_1 - \overline{U}_A - \frac{v_1^2}{2} - \frac{r}{2}v_1^2\sigma^2 \quad (4.27)$$

angegeben werden. Die notwendige Bedingung für das Vorliegen eines optimalen variablen Anteils v_1^* lautet

$$1 - v_1^* - \sigma^2 r v_1^* \stackrel{!}{=} 0 \quad (4.28)$$

und kann zu

$$v_1^* = \frac{1}{1 + r\sigma^2} \quad (4.29)$$

$$v_2^* = \overline{U}_A + \frac{r\sigma^2 - 1}{2(1 + r\sigma^2)} \quad (4.30)$$

umgeformt werden. Der erwartete Nutzen des Prinzipalen beträgt

$$EU_P = \frac{1}{2(1 + r\sigma^2)} - \overline{U}_A \quad (4.31)$$

Dieser Betrag ist im Falle eines risikoaversen Agenten wegen $r > 0$ und $\sigma > 0$ geringer als sein Nutzen in der First-Best-Situation.

Somit entgeht dem Prinzipalen auch im LEN-Modell durch die auftretende Informationsasymmetrie Gewinn, während der Agent auch hier nur so entlohnt wird, dass er seinen Reservationsnutzen erreicht und für das übernommene Risiko entschädigt werden muss. Auf Grund der Nichtbeobachtbarkeit des Arbeitseinsatzes und der damit verbundenen suboptimalen Risikoallokation wird im System ein Nutzenentgang induziert. Dieser Nutzenentgang steigt mit zunehmender Risikoaversion des Agenten und mit zunehmender Varianz der Zufallseinflüsse.

Das LEN-Modell schränkt durch seine Annahmen den Raum der für den Prinzipalen optimalen Entlohnungen ein. Insbesondere Mirrlees[31] konstruierte in der Second-Best-Situation Entlohnungen, die sich vom linearen Schema dieses Modells entfernen. In der Regel sind auch die in Gleichung (4.18) als optimal ermittelten Entlohnungsschemata nicht linear. Trotz dieses Nachteils ermöglicht es das LEN-Modell durch seine vereinfachenden Annahmen, die optimale Entlohnung des Agenten direkt angeben zu können und qualitative Aussagen über die Auswirkungen der Risikoaversion und des Zufallseinflusses auf die Entlohnung des Agenten und den Gewinn des Prinzipalen angeben zu können. Aus diesem

[31] Vgl. Mirrlees (1974).

Grund soll es auch für die Modellierung des Einflusses von Übungseffekten auf die optimale Entlohnung des Agenten genutzt werden. Da sich diese Übungseffekte bei mehrmaliger Wiederholung der Prinzipal-Agent-Beziehung verstärken, sollen zunächst Möglichkeiten der Modellierung mehrperiodiger Prinzipal-Agent-Modelle erläutert werden.

4.3 Dynamische Prinzipal-Agent-Ansätze

Die bisher beschriebenen Prinzipal-Agent-Probleme bezogen sich ausschließlich auf eine statische Betrachtung. Intertemporale Effekte, die etwa durch die Beobachtung von Zwischenergebnissen durch den Agenten oder durch mehrmalige Entlohnung entstehen, wurden nicht berücksichtigt. Dies soll im Weiteren geschehen.

4.3.1 *Modelle mit variabler Laufzeit T*

Dynamische Modelle dieser Art zeichnen sich dadurch aus, dass sich die Betrachtung auf die Zeitpunkte $t_0, t_1, t_2, ..., t_n$ erstreckt oder ein Zeitintervall der Form $[t_0, T]$ beziehungsweise $[t_0, \infty)$ untersucht wird. Die Lösung derartiger Modelle kann selbst im Falle deterministischer Optimierungsprobleme nicht immer geschlossen angegeben werden, da das Lösen nichtlinearer Differentialgleichungen nötig sein könnte und nicht immer möglich ist.[32]

Im Folgenden soll auf verschiedene dieser Modelle eingegangen werden.

4.3.1.1 *Ein dynamisches Modell nach Holmstrøm und Milgrom*

In diesem Modell[33] wird der Fall einer einmaligen Prinzipal-Agent-Beziehung zunächst auf ein zeitdiskretes dynamisches Modell erweitert, um darauf aufbauend den zeitstetigen Fall zu erläutern.

Zentrale Annahme des Modells ist das Vorliegen von von-Neumann-Morgenstern-Nutzenfunktionen sowohl des Prinzipalen als auch des Agenten. Die Menge der möglichen exogenen Umweltzustände sei $\varepsilon = (\varepsilon_1, ..., \varepsilon_n)$. Jeder Zustand ε_i führt für den Prinzipalen zum Ergebnis x_i sowie zu einer allgemein beobachtbaren Information y_i.[34] Es gelte ohne Beschränkung der Allgemeinheit $x_0 < x_1 < ... < x_n$. Der Prinzipal entlohnt den Agenten gemäß $s(y_i)$, dem Agenten entstehen durch seinen Arbeitseinsatz a Kosten in Höhe von $c(a, \varepsilon)$ mit $c' > 0$ und $c'' > 0$. Die Eintrittswahrscheinlichkeiten der Umweltzustände

[32] Vgl. Feichtinger und Hartl (1986), S. 84 ff.

[33] Vgl. Holmstrøm und Milgrom (1987).

[34] Bei dem Wert y_i kann es sich zum Beispiel um Kosteninformationen handeln.

$\varepsilon_1, ..., \varepsilon_n$ seien abhängig von der gewählten Aktion a und mit $p_1, ..., p_n$ bezeichnet. Vereinfachend nehmen *Holmstrøm* und *Milgrom* $a = (p_1, ..., p_n)$ an. Das Optimierungsproblem eines risikoneutralen Prinzipalen besteht nun im klassischen Maximierungsproblem der Prinzipal-Agent-Theorie:

$$\max_{a,s} \sum_i (x_i(a, \varepsilon) - s(y_i))p_i \tag{4.32}$$

unter den Nebenbedingungen

$$a = \arg\max_{a'} \sum_{i=1}^{N} U_A(s(y_i) - c(a', \varepsilon_i))p'_i$$

$$\exists a : \sum_{i=0}^{N} U_A(s(y_i) - c(a, \varepsilon_i))p_i \geq \overline{U}_A,$$

wobei $a' = (p'_1, ..., p'_n)$ ist. Die Informationsasymmetrie entsteht hier erst nach Vertragsabschluss auf Grund der vom Prinzipalen nicht beobachtbaren Strategiewahl des Agenten. Durch die Annahme, dass der Agent seine Aktion in Reaktion auf den exogenen Umwelteinfluss ε wählt, kann das Modell in die „Hidden-Information"-Situation überführt werden.[35] Gilt zusätzlich, dass für

$$a = \arg\max_{a'} \sum_{i=1}^{N} U_A(s(y_i) - c(a', \varepsilon_i))p_i \tag{4.33}$$

und für alle a' im Aktionenraum P, für die es einen Umweltzustand j mit der Eintrittswahrscheinlichkeit null, also $p_j = 0$, gibt,

$$c(a', \varepsilon_i) > c(a, \varepsilon_i) + \max_{j,k}(x_j - x_k) \tag{4.34}$$

gilt, so existiert eine aus Sicht des Prinzipalen optimale Lösung (a^*, s^*) mit $p_i^* > 0$ für alle $i = 0, ..., n$.[36]

Weiter konnte gezeigt werden, dass der aus Sicht des Prinzipalen optimale Arbeitseinsatz a^* nicht von der Höhe des Reservationsnutzens $\overline{U}_A$ abhängt und der Wert $s^*(y) - \overline{U}_A$ unabhängig von $\overline{U}_A$ ist.[37]

Unter Berücksichtigung weiterer Annahmen[38] konnte gezeigt werden, dass jede durch den

---

35 Vgl. ebenda, S. 308.

36 Vgl. ebenda, S. 309, Theorem 1.

37 Vgl. ebenda, S. 309, Theorem 2.

38 Diese lauten: (i) Das Innere des Aktionenraums ist nicht leer. (ii) Die Kosten jeder Aktion a sind unabhängig vom eingetretenen Umweltzustand. (iii) Die Funktion c ist stetig differenzierbar. (iv) $c(a) - c(a') \geq \max_{ij}(x_i - x_j)$ für jede Aktion a auf dem Rand des Aktionenraums und jede Aktion a', die $c(a)$ minimiert. Vgl. ebenda, S. 310, Annahmen A.

Prinzipalen implementierbare Strategie a im Inneren von P durch genau eine vertragliche Regelung induzierbar ist.[39]

Im Folgenden wird eine Variante des vorangegangenen Modells betrachtet werden, die das Entscheidungsverhalten beider Parteien über T Perioden optimieren soll. Betrachtet werden hierbei die Zeitpunkte $t = 0, ..., T$. Die Zufallseinflüsse ε_t sind stochastisch unabhängig. Des Weiteren kennt der Agent zum Zeitpunkt $t-1$ die bisherigen Ergebnisse $X_t = (x_1, ..., x_{t-1})$ und die bisherigen Informationen $Y_t = (y_1, ..., y_{t-1})$, bevor er über seine Strategie $a_t = a(Y_{t-1})$ entscheidet. Die Entlohnung $s(Y_T)$ wird dem Agenten erst zum Zeitpunkt T gezahlt. Die Zeitpräferenzen von Prinzipal und Agent werden nicht modelliert. Das Optimierungsproblem des Prinzipalen kann somit durch

$$\max_{\{a_t\},s} E\left(\sum_{t=1}^{T}(x_t - s(Y_T))\right) \tag{4.35}$$

unter den Nebenbedingungen

$$\{a_t\} \in \arg\max_{a'_t} E\left(U_A\left(s(X_T) - \sum_{t=1}^{T} c(a'_t(Y_{t-1}), \varepsilon_t)\right)\right)$$

$$\exists\{a_t\} : E\left(U_A\left(s(Y_T) - \sum_{t=0}^{T} c(a_t(Y_{t-1}), \varepsilon_t)\right)\right) \geq \overline{U}_A$$

dargestellt werden. Mittels dynamischer Optimierung gelingt es, auf Grund der Unabhängigkeit der Zufallseinflüsse ε_t dieses Optimierungsproblem auf das in Gleichung (4.32) erläuterte statische Problem zurückzuführen und zu zeigen, dass eine Strategie $a_t(Y_{t-1})$ genau dann implementiert werden kann, wenn a_t auch im Ein-Periodenmodell induzierbar ist.[40]

Weiter wird A_i^t als diejenige Anzahl definiert, mit der die Information y_i bis zum Zeitpunkt t realisiert wird. Es konnte gezeigt werden, dass es für den Prinzipalen optimal ist, eine im Zeitablauf konstante Strategie mit $a_t(Y_{t-1}) = a^*$ zu implementieren, wobei a^* das Optimum der Betrachtung einer Periode ist. Um diese Strategie zu induzieren, ist die Entlohnung

$$s(Y_T) = \sum_{t=1}^{T} s(y_t, a^*) = s(a^*) \cdot A_T \tag{4.36}$$

[39] Vgl. ebenda, S. 310, Theorem 3.

[40] Vgl. ebenda, S. 313.

optimal.[41] Für den Prinzipal ist es folglich unerheblich, wie der Pfad $(y_1, ..., y_T)$ realisiert wurde, wenn er den Vektor A_T kennt. Eine Aggregation von Größen ist hier also nicht mit Gewinneinbußen verbunden. Für den Prinzipal ist es einzig von Bedeutung, welche Ereignisse wie oft eingetreten sind. Wann dies passiert ist, ist zur Ermittlung des optimalen Entlohnungsschemas nicht relevant. Weiter ist die optimale Entlohnung linear im Vektor A_T, das heißt, eine prozentuale Erhöhung von A_T zieht eine ebensolche Erhöhung von $s(Y_T)$ nach sich. Damit ist allerdings nicht die Schlussfolgerung verbunden, es handele sich um ein lineares Entlohnungsschema wie im LEN-Modell. Da $s(a^*)$ nicht linear in den erzielten Outputs wachsen muss, ist dies auch bei $s(Y_T)$ nicht der Fall.

Das zeitdiskrete Modell wurde von Holmstrøm und Milgrom zu einem zeitstetigen Modell erweitert. Auch hier kann der Agent nur T-mal agieren, die Kostenfunktion $c(a)$ ist stetig und differenzierbar und der Aktionenraum P habe wiederum n Dimensionen. Diese Annahmen gewährleisten, dass es zu jeder Aktion $a \in P$ mindestens einen Vertrag gibt, der a implementiert, so dass der Agent mit diesem Vertrag wenigstens seinen Reservationsnutzen erzielt. Weiter wird angenommen, dass, falls die Gewinne der betrachteten Periode mit dem Erwartungswert μ und der Varianz σ^2 eintreten, das Sicherheitsäquivalent des Prinzipalen durch μ und das des Agenten durch

$$\mu - \frac{r\sigma^2}{2} \tag{4.37}$$

approximiert werden kann. Es sei e_i der i-te Einheitsvektor der Dimension $n+1$ und

$$c_i(a) = \frac{d}{d\varepsilon}\bigg|_{\varepsilon=0} c(\varepsilon e_i + (1-\varepsilon)a). \tag{4.38}$$

Dann kann der die Aktion a induzierende Vertrag mittels

$$s_j \approx w + c(a) + \frac{r\sigma_A^2}{2} + c_j(a) \tag{4.39}$$

angegeben werden und weist strukturelle Ähnlichkeiten mit der mit Hilfe des LEN-Modell nach *Spremann* ermittelten optimalen Entlohnung auf.
Sei $\hat{x}_i = (x_i - x_0)T$. Dann beschreibt $\hat{x}_i$ wegen $x_0 < x_1 < ... < x_n$ denjenigen Profit, der durch die Realisation von ε_i während $[0, T]$ zusätzlich zum für den Prinzipalen ungünstigsten Ereignis, der Realisation von ε_0 während der gesamten Vertragsdauer $[0, T]$, erwirtschaftet wird. Um das zeitdiskrete Modell aus Gleichung (4.35) zeitstetig darzustellen,

[41] Vgl. ebenda, S. 314, Theorem 5.

wird analog zur Matrix A

$$Z_i\left(\frac{t}{T}\right) = \left(\frac{\hat{x}_i}{T}\right)(A_i^t - \hat{a}_i t) \tag{4.40}$$

definiert. Die Variable $\hat{a}$ beschreibt dabei einen Vektor strikt positiver Wahrscheinlichkeiten, der einen passenden Standard für das Eintreten des Ereignisses i angibt. Wegen $\hat{x}_0 = 0$ gilt $Z_0 = 0$. Deshalb kann Z nun als $Z = (Z_1, ..., Z_n)$ betrachtet werden. Sei μ der vom Agenten beeinflussbare Drift oder Trend von Z. Dann kann Z mittels

$$dZ = \mu dt + dB \tag{4.41}$$

modelliert werden, wobei B eine n-dimensionale Brown'sche Bewegung mit Erwartungswert 0 und Kovarianzmatrix Σ ist. Der Agent erhält hier eine Entlohnung $s(Z^1)$, die ausschließlich von der im Endzeitpunkt $T = 1$ realisierten Größe Z^1 abhängt.
Der Frage, wie ein Anstrengungspfad $\mu(t)$ durch eine Entlohnung $s(Z^1)$ implementiert werden kann, wird im Folgenden nachgegangen. Es konnte gezeigt werden[42], dass ein Pfad $\mu(t)$ nur dann mit dem Sicherheitsäquivalent $S\ddot{A}$ implementiert werden kann, wenn eine Entlohnung in der Form

$$\begin{aligned} s(Z^1) &= S\ddot{A} + \int_0^1 c(\mu(t))dt + \left(\int_0^1 c'(\mu(t))^T dZ - \int_0^1 c'(\mu(t))^T \mu(t)dt\right) \\ &\quad + \frac{r}{2}\int_0^1 c'(\mu(t))^T \Sigma c'(\mu(t))dt \end{aligned} \tag{4.42}$$

erfolgt. Dabei fällt auf, dass der Agent zunächst mit den ersten beiden Summanden ein Festgehalt und eine Entschädigung für das entstandene Arbeitsleid erhält. Der letzte Term ist äquivalent zur Risikoprämie im statischen Fall. Der Summand in der Klammer besitzt einen Erwartungswert von null.

Weiter konnte gezeigt werden, dass für den Fall der Existenz eines aus Sicht des Prinzipalen optimalen Pfades $\mu^*(t)$ dieser konstant ist und durch

$$s(Z^1) = c(\mu^*) + c'(\mu^*)^T(Z(1) - \mu^*) + \frac{r}{2}c'(\mu^*)^T\Sigma c'(\mu^*) \tag{4.43}$$

induziert wird.[43]
Auch hier hängt, analog zu Gleichung (4.36), die Entlohnung des Agenten linear von der Aggregationsfunktion Z ab. Genauere Angaben, welche y_i wann und wie realisiert wurden, sind für die Wahl des optimalen Entlohnungsschemas unnötig.

---

[42] Vgl. ebenda, S. 319, Theorem 6.
[43] Vgl. ebenda, S. 320, Theorem 7.

Die Aussage dieses Ansatzes ist es, dass es für den Prinzipalen nicht nötig ist, zur Konstruktion der optimalen Entlohnung des Agenten den gesamten Pfad der realisierten Ergebnisse zu kennen. Die Beobachtung der aggregierten Größe A^T beziehungsweise Z^T ist ausreichend. Die optimalen Entlohnungen sind wiederum lineare Funktionen dieses Aggregats.
Die Annahmen des zeitdiskreten und des zeitstetigen Modells lassen die Eingeschränktheit ihrer Ergebnisse erkennen. So wird das betrachtete Intervall $[0, T]$ als so kurz angesehen, dass die Zeitpräferenzen beider Parteien vernachlässigt werden können. Die Zufallsvariablen ε_t werden als unkorreliert betrachtet, so dass dem Prinzipalen ein Schluss von der Realisation von x_t auf ε_{t+1} nicht möglich ist. Weiter ist zu bemängeln, dass ex ante verborgene Charaktereigenschaften des Agenten genauso wenig modelliert werden wie dessen mögliche Lerneffekte.

In einem weiteren dynamischen Modell[44] wird auf diese nicht modellierte Charaktereigenschaft des Agenten, die dort als „Talent“ bezeichnet wird, eingegangen.

4.3.1.2 *Ein dynamisches Modell nach Holmstrøm mit Berücksichtigung von Lernen über Parameter*

Ziel der Arbeit von *Holmstrøm*[45] ist es, den Aufbau von Reputation zur Karriereförderung der Agenten in seinem Modell zu berücksichtigen. Ebenfalls einbezogen wird die Betrachtung von Lerneffekten über einen Parameter η und die Möglichkeit des Vorliegens nichtlinearer Technologien. Das Modell von *Holmstrøm* beschreibt die „Hidden Characteristics“-Situation, indem ein Maß η für das „Talent“ des Managers angenommen wird, das beiden Parteien vor Vertragsabschluss unbekannt ist. Der Parameter η ist normalverteilt mit Erwartungswert m_1 und Varianz $\frac{1}{h_1}$. Der Output einer Periode ergibt sich aus

$$x_t = \eta + a_t + \varepsilon_t \tag{4.44}$$

wobei die Zufallsgrößen ε_t unabhängig und normalverteilt mit Erwartungswert null und Varianz $\frac{1}{h_\varepsilon}$ sind. Der Agent wird als risikoneutral mit einer über die Zeit separablen Nutzenfunktion der Form

$$U(v, a) = \sum_{t=1}^{\infty} \beta^{t-1}(v_t - w(a_t)) \tag{4.45}$$

---

44 Vgl. Holmstrøm (1999).
45 Vgl. Holmstrøm (1999).

angesehen, wobei $w(a_t)$ sein Arbeitsleid, β^t seine Zeitpräferenz und v_t seine Entlohnung beschreibt. Indem der Prinzipal die Anreizkompatibilitätsbedingung des Agenten berücksichtigt, ist er im Zeitpunkt t in der Lage, anhand der beobachteten Ergebnisse $x_1, ..., x_{t-1}$ seine Schätzungen von η zu verbessern. Im Gleichgewicht handelt der Manager gemäß seinen Fähigkeiten und legt diese damit dem Markt offen.[46]

Lernen wird hier als das Lernen über die Höhe des Parameters η verstanden. Eine Effizienzsteigerung tritt also nicht durch die Verbesserung der kognitiven Fähigkeiten durch Übung auf, sondern zeigt sich in verbesserten Schätzungen für η und damit als Erhöhung des Wissens über das „Talent" des Agenten.
Holmstrøm geht in seinem Modell auf die Möglichkeit des Vorliegens nichtlinearer Technologien kurz ein, indem er statt Gleichung (4.45) die Beziehung

$$x_t = \eta_t a_t + \varepsilon_t \tag{4.46}$$

vorschlägt.[47] Eine dynamische Analyse dieser Gleichung erfolgt jedoch nicht, ebenso werden keine Aussagen über Ergebnisse getroffen.

4.3.1.3 *Ein zeitdiskretes Überwachungsmodell*

Dieser Ansatz basiert auf dem Überwachungsmodell nach *Kamien* und *Schwartz*.[48] Ein Prinzipal delegiert die Überwachung der Funktionsfähigkeit eines Systems oder einer Anlage an einen Agenten. Das einzig mögliche Signal über den Arbeitseinsatz des Agenten stellt der Zusammenbruch des Systems beziehungsweise der Ausfall der Funktionsfähigkeit dar.[49]

Der Agent kann durch seinen Arbeitseinsatz die Wahrscheinlichkeit des Ausfalls des Systems verringern. Der Zusammenbruch selbst ist für den Prinzipalen mit hohen Kosten verbunden. Da das Eintreten des Desasters die einzig öffentlich verfügbare Information ist, könnte ein Vertrag so aussehen, dass der Agent am Ende der Kontraktdauer nur dann entlohnt wird, wenn kein Ausfall eingetreten ist. Andernfalls erhielte er nur eine geringe Zahlung.
Da angenommen wird, dass die Diskontierungsrate des Prinzipalen geringer ist als die des Agenten, ist die Zahlung am Vertragsende suboptimal. Der Barwert einer möglichen Auszahlung an den Agenten ist für ihn auf Grund des höheren Zinssatzes geringer als für

[46] Vgl. Holmstrøm (1999), S. 172.
[47] Vgl. Holmstrøm (1999), S. 177.
[48] Vgl. Kamien und Schwartz (1971).
[49] Vgl. Luhmer (2000).

den Prinzipalen. Um den Reservationsnutzen des Agenten zu erfüllen, wären höhere Zahlungen nötig als dies bei einer Entlohnung zu Beginn der Vertragslaufzeit der Fall wäre. Da der Prinzipal den Arbeitseinsatz des Agenten jedoch nicht beobachten kann, hätte dieser bei einer Entlohnung zu Vertragsbeginn keinen Anreiz, Arbeitseinsatz zu zeigen. Das Problem des Prinzipalen besteht in diesem Modell darin, die zeitliche Struktur der Entlohnung zu koordinieren und damit die Kosten, die durch die unterschiedliche Zeitpräferenz beider Parteien entstehen, zu minimieren.

Das Auftreten eines Desasters D_t im Zeitpunkt t folge einem Poisson-Prozess, die bis zum Zeitpunkt t durch einen Zusammenbruch entstandenen Kosten werden mit S_t bezeichnet. Weiter sei h die Rate, mit der ein Zusammenbruch unabhängig vom Arbeitseinsatz a des Agenten auftritt. Damit gibt

$$h_a := (1-a)h \tag{4.47}$$

die Rate an, mit der ein Desaster tatsächlich eintritt.
Es sei $F(t) := P(S_t > 0)$ und $f(t)$ die dazugehörige Dichtefunktion. Dann kann die Wahrscheinlichkeitsverteilung der Zeit, die bis zum Eintritt des Disasters vergeht, mittels

$$\frac{f(t)}{1-F(t)} = (1-a(t))h(t) \tag{4.48}$$

angegeben werden.[50]

Sei L die Strafzahlung des Agenten bei Eintritt des Zusammenbruchs und sei S_t für den Fall eines Desasters konstant. Es wird angenommen, dass dem Agenten durch seinen Arbeitseinsatz a Kosten in Höhe von $h \cdot c(a)$ mit

$$c(0) = 0, \quad c'(0) = 0, \quad c''(a) > 0, \quad c'(1) = \infty \tag{4.49}$$

entstehen. Mit Hilfe des Überwachungsproblems nach *Kamien* und *Schwartz* kann nun die First-Best-Lösung des Systems analysiert werden. Für den Fall einer unendlichen Vertragsdauer und einer Diskontierungsrate des Agenten, die die des Prinzipalen übersteigt, kann ein Ansteigen des optimalen Arbeitseinsatzes a_t^* im Zeitablauf gezeigt werden.[51] Dies resultiert aus den durch die Diskontierung sinkenden Grenzkosten. Weiter existiert keine optimale Vertragsdauer T.[52]

Für die Second-Best-Lösung bei unbegrenztem Zeithorizont kann nachgewiesen werden,

---

[50] Vgl. Luhmer (2000).
[51] Vgl. Luhmer (2000), Proposition 1.
[52] Vgl. ebenda, Proposition 2.

dass der Agent seinen Arbeitseinsatz a_t^* so wählt, dass das dadurch entstehende Grenzarbeitsleid dem Nutzen entspricht, den der Agent aus seiner weiteren Tätigkeit maximal ziehen kann. Das optimale Anreizschema des Agenten muss so gestaltet werden, dass sein Nutzen im Zeitablauf konstant bleibt.[53] Ebenso wird der Agent seinen Arbeitseinsatz zeitunabhängig wählen.[54]

Dieses Modell unterscheidet sich grundlegend von den bisher genannten Ansätzen der dynamischen Prinzipal-Agent-Theorie. Im Verlauf der Vertragsbeziehung erhält der Prinzipal keinerlei Informationen über den Arbeitseinsatz des Agenten, es sei denn, es erfolgt ein Systemausfall. Auf Grund der unterschiedlichen Zeitpräferenzen beider Parteien kann eine optimale Entlohnung somit nur in einer Anfangsauszahlung des Prinzipalen an den Agenten und einer Strafzahlung des Agenten bei Systemausfall bestehen. Zwar ist dieses System im First-Best-Fall lösbar, jedoch wird auch hier eine mögliche steigende Grenzproduktivität des Agenten durch Übungseffekte nicht berücksichtigt.

4.3.1.4 Ein mehrperiodiges LEN-Modell mit Berücksichtigung eines vollkommenen Kapitalmarktes

Die Erweiterung des LEN-Modells nach *Spremann* auf mehrere Perioden stößt bei der Generierung eines mehrperiodigen Sicherheitsäquivalents auf Probleme.[55] Dies führt dazu, dass das Modell im Mehrperiodenfall nicht mehr zwangsläufig lösbar ist. Der folgende Ansatz fügt den Annahmen des LEN-Modells die Unterstellung eines vollkommenen Kapitalmarktes hinzu und kann somit das Modell auch in einer mehrperiodigen Betrachtung lösen.[56]

Die Modellformulierung erfolgt zeitdiskret über eine endliche Anzahl von Perioden T. Der Agent leistet in jeder Periode einen Arbeitseinsatz a_t und beobachtet ein Ergebnis x_t, $t = 1, ..., T$. Die Variable x_t ergibt sich als $x_t = a_t + \varepsilon_t$, wobei die ε_t unabhängig und normalverteilt mit dem Erwartungswert null und der Varianz σ^2 sind. Dem Agenten

---

53 Vgl. ebenda, S. 158.

54 Vgl. ebenda, S. 159.

55 Diese resultieren aus der Interpretation des Zinses eines vollkommenen Kapitalmarktes als Zeitpräferenz beider Parteien. Der aus dem Vertrag resultierende Gesamtnutzen des Agenten kann dann nur als Summe der diskontierten Nutzenfunktionen der einzelnen Perioden gesehen werden und lässt sich nicht analog zum LEN-Modell nach *Spremann* in ein Sicherheitsäquivalent umformen. (Vgl. Dietrich (2003), S. 451.) Wird jedoch eine reine Zeitpräferenz betrachtet, die unabhängig vom Kapitalmarktzins sein kann, so kann der Gesamtnutzen des Agenten als Summe der mit den Zeitpräferenzen multiplizierten Sicherheitsäquivalenten der einzelnen Teilperioden gesehen werden. (Vgl. Wiese (2003).)

56 Vgl. Dietrich (2003).

entstehen durch seinen Arbeitseinsatz Kosten in Höhe von

$$c_t = \frac{1}{2}a_t^2, \tag{4.50}$$

wofür er eine Entlohnung gemäß $s_t = v_1 x_t + v_2$ erhält. Weiter haben Prinzipal und Agent die Möglichkeit, Überschüsse zu einem Zinssatz von i am Kapitalmarkt anzulegen. Die Perioden seien für den Agenten wechselseitig nutzenunabhängig, der Nutzen, der in Periode eins generiert wird, hat also keinen Einfluss auf den in der zweiten Periode erzielten Nutzen. Es gelten die weiteren Annahmen des LEN-Modells.[57]

Wird additive Separabilität der Nutzen der Perioden unterstellt, so kann der Gesamtnutzen des Agenten mittels

$$U_A(g_1, ..., g_T) = \sum_{t=1}^{T} \frac{1}{(1+i)^t} e^{-rg_t} \tag{4.51}$$

angegeben werden, wobei g_t durch $g_t = s_t - c_t$ definiert ist. Eine Vereinfachung des Erwartungsnutzens

$$E(U_A(g_1, ..., g_t)) = -\sum_{t=1}^{T} \frac{1}{(1+i)^t} \cdot e^{-r\cdot(E(g_t)-0,5\cdot r\cdot Var(g_t))} \tag{4.52}$$

zu einem Sicherheitsäquivalent ist somit nicht mehr möglich.[58]

Wird hingegen unterstellt, dass der Agent einen Teil d_t seiner Entlohnung in jeder Periode am Kapitalmarkt anlegen kann, so ist es möglich, ein Sicherheitsäquivalent zu generieren. Dazu ist die zusätzliche Annahme $d_0 = 0$ zu treffen. Am Ende der Vertragsdauer sei es dem Agenten möglich, den Betrag d_T zeitlich unbefristet anzulegen und damit für $t > T$ einen unbefristeten Zahlungsstrom $i \cdot d_t$ in Form einer ewigen Rente zu generieren.
Mit Hilfe eines Induktionsbeweises kann gezeigt werden, dass

$$S\ddot{A}_1 = \sum_{t=1}^{T} \left(E(g_t) - 0,5 \cdot \left(1 - \frac{1}{1+i}\right) \cdot r \cdot Var(g_t) \right) \cdot \frac{1}{(1+i)^t} \tag{4.53}$$

und

$$E(U_A(g_1, ..., g_T)) = \frac{1+i}{i} (-e^{-r\cdot i\cdot S\ddot{A}_1}) \tag{4.54}$$

57 Vgl. Abschnitt 4.2.2.
58 Vgl. Dietrich (2003), S. 453.

gilt. Die Variable $SÄ_1$ bezeichnet das Sicherheitsäquivalent der ersten Periode. Zur Optimierung des Erwartungsnutzens genügt es, $SÄ_1$ zu maximieren.[59]

Analog zum LEN-Modell nach *Spremann* kann nun der aus Sicht des Agenten optimale Arbeitseinsatz mit $a_t^* = v_1$ angegeben werden. Um seinen Überschuss zu maximieren, wählt der Prinzipal eine variable Entlohnung von

$$v_1^* = \frac{1}{1 + r \cdot \left(1 - \frac{1}{1+i}\right) \cdot \sigma^2} \tag{4.55}$$

und ein Fixgehalt von

$$v_2^* = 0,5 \cdot \left(1 - \frac{1}{1+i}\right) \cdot r(v_1^*)^2 \cdot \sigma^2 - 0,5 \cdot (v_1^*)^2 + \overline{U}_A, \tag{4.56}$$

wenn davon ausgegangen wird, dass der Prinzipal den Kapitalwert seiner erwarteten Überschüsse maximiert.

Dieser Ansatz nach *Dietrich*[60] erweitert das LEN-Modell nach *Spremann* auf mehrperiodige Vertragsbeziehungen. Um die Berechnung eines mehrperiodigen Sicherheitsäquivalents zu ermöglichen, wurden einschränkende Modellannahmen getroffen. So sind die Ergebnisse der einzelnen Perioden x_t stochastisch unabhängig, und für Prinzipal und Agent existiert ein vollkommener Kapitalmarkt. Unberücksichtigt bleiben auch in diesem Ansatz durch Übungseffekte steigende Grenzproduktiviäten des Arbeitseinsatzes. Diese werden ebenso wie in den bisher diskutierten Modellen nicht einbezogen.

Dynamische Prinzipal-Agent-Modelle mit einer variablen Periodenlänge T sind nur unter sehr einschränkenden Modellannahmen geschlossen lösbar. Neben den bei der Untersuchung der einzelnen Ansätze bereits aufgezeigten Mängeln stellt sich für die Berücksichtigung von Übungseffekten die Frage, inwieweit Verträge zwischen beiden Parteien im Zeitablauf neu formuliert werden sollten, wenn etwa die Grenzproduktivität des Agenten durch Übung steigt. Solche Neuverhandlungen werden in zweiperiodigen Prinzipal-Agent-Ansätzen behandelt, die insbesondere vertragliche Neugestaltungen vorsehen. Einige dieser Ansätze sollen im Folgenden vorgestellt werden.

4.3.2 Zweiperiodige Prinzipal-Agent-Ansätze

In zeitdiskreten Prinzipal-Agent-Modellen werden häufig zweiperiodige Modelle berücksichtigt, welche die in Abbildung 4.4 ersichtliche Struktur aufweisen. Die Neuverhandlung

59 Vgl. Dietrich (2003), S. 456.
60 Vgl. Dietrich (2003).

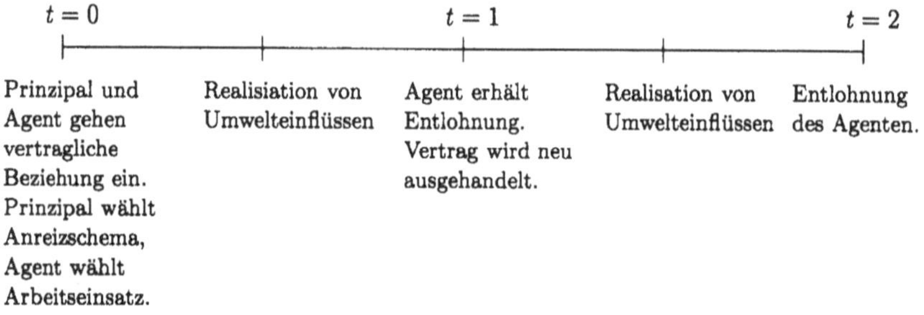

Abbildung 4.4: Entscheidungsablauf Zweiperiodigen Prinzipal-Agent-Modellen mit Vertragsneuverhandlungen
Quelle: eigene Darstellung in Anlehnung an Litwack (1993)

des Vertrags in $t = 1$ ist dabei nicht zwingend. Ebenso ist eine Festschreibung des Entlohnungsschemas in $t = 0$ für $t = 1$ und $t = 2$ möglich. Sollte eine Nachverhandlung in $t = 1$ möglich sein, so kann der sogenannte Ratchett-Effekt eintreten, der die Verhaltensänderung des Agenten in diesem Verhandlungsmodell beschreibt.[61] Die Analyse dieses Effekts in der Prinzipal-Agent-Theorie spaltet sich in die Behandlung von ex-ante verborgenen Charaktereigenschaften des Agenten[62] und in die Behandlung von Moral-Hazard-Problemen, die aus dem nichtbeobachtbaren Arbeitseinsatz des Agenten resultieren.[63] Beide Ansätze sollen hier vorgestellt werden, wobei auf Grund der Aufgabenstellung dieser Arbeit der Schwerpunkt auf die Behandlung von „Hidden Action"-Situationen gelegt wird.

4.3.2.1 Behandlung verborgener Charaktereigenschaften des Agenten

Die Modelle, welche verborgene Charaktereigenschaften des Agenten beschreiben, sind dadurch gekennzeichnet, dass dem Prinzipalen die Struktur der aus dem Arbeitseinsatz resultierenden Kosten nur bis auf einen Parameter θ, welcher die Produktivität des Agen-

---

[61] Vgl. Litwack (1993), Milgrom und Roberts (1992), Indjejikian und Nanda (1999) und Pfaff und Pfeiffer (2001). Der Ratchett-Effekt entsteht, wenn der Prinzipal vor Beginn der Nachverhandlungen das Ergebnis der ersten Periode beobachten kann. Er ist dadurch in der Lage, sein Wissen über verborgene Charaktereigenschaften des Agenten (vgl. u. a. Litwack (1993) und Milgrom und Roberts (1992)) zu verbessern oder sein Wissen über die Verteilung von ε_2 zu revidieren (vgl. Indjejikian und Nanda (1999)). Dadurch ist es ihm möglich, in $t = 1$ einen für den Agenten unvorteilhafteren Vertrag auszuhandeln. Dieser wird aus diesem Grund in der ersten Vertragsperiode bewusst Leistung zurückhalten, um das Eintreten ungünstiger Umweltzustände oder eine geringe Produktivität vorzutäuschen. Dies hat zum Ziel, in der zweiten Vertragsperiode eine seinen Reservationsnutzen übersteigende Entlohnung zu erhalten. Eine ausführliche Beschreibung des Ratchett-Effekts findet sich in Laffont und Tirole (1993), S. 381-436.

[62] Vgl. Laffont und Tirole (1993), Laffont und Tirole (1988) and Litwack (1993).

[63] Vgl. Indjejikian und Nanda (1999).

ten beschreibt, bekannt ist[64] und die Form $c(a, \theta)$ aufweist. In beiden darzustellenden Ansätzen werden sowohl Prinzipal wie auch Agent als risikoneutral angesehen.

4.3.2.1.1 Das Modell nach *Laffont* und *Tirole*

Der Parameter θ liegt hier beliebig im Intervall $[\underline{\theta}, \overline{\theta}]$. Die sich für den Agenten daraus ergebenden Kosten sind durch

$$c_t = \theta - a_t, \quad t = 1, 2 \tag{4.57}$$

definiert. Der Nutzen des Agenten beträgt $U_A(s, a) = s - w(a)$ mit $w' > 0$ und $w'' > 0$. Der Prinzipal ist lediglich in der Lage, c_t zu beobachten, jedoch nicht a_t. Weiter trägt er die Kosten c_t und zahlt dem Agenten s_t. Ergebnisse der zweiten Periode werden von beiden Parteien mit einem Zinssatz i abgezinst.
Sowohl die Entlohnungen für Agenten mit einem niedrigen Parameter $\underline{\theta}$ als auch für Agenten, deren Parameter $\overline{\theta}$ beträgt, müssen die Teilnahmebedingung erfüllen. Ist dem Prinzipalen der Typ θ bekannt, so wird der Typ $\underline{\theta}$ auf Grund seines geringeren Disnutzens für die gleichen realisierten Kosten c geringer entlohnt als der Typ $\overline{\theta}$. Daraus folgt, dass es sich für einen Agenten vom Typ $\underline{\theta}$ lohnen würde, vorzugeben, er wäre vom Typ $\overline{\theta}$.[65]

Ist dem Prinzipalen der Typ des Agenten unbekannt, so kann er versuchen, den Agenten in $t = 1$ durch die geeignete Wahl eines Anreizschemas zur Offenlegung seines Typs zu zwingen. Der Agent hingegen wird genau dann seinen Typ offenbaren, wenn der für ihn daraus resultierende Nutzen größer ist als bei Nichtoffenbarung. Für den hier untersuchten Fall weisen *Laffont* und *Tirole* nach, dass es kein Anreizschema s_1 gibt, dass den Agenten dazu bewegt, seinen Typ θ vollständig offenzulegen.[66] Zusätzlich wird gezeigt, dass es für dicht aneinander liegende Werte $\underline{\theta}$ und $\overline{\theta}$ aus Sicht des Prinzipalen optimal ist, auf Anreizschemata, die mit hoher Wahrscheinlichkeit eine Separation beider Typen ermöglichen, zu verzichten.[67]

Im hier untersuchten Ansatz kommen *Laffont* und *Tirole* zu dem Ergebnis, dass für den Prinzipalen die Kosten der vollständigen Aufdeckung des Typs seines Agenten höher sind als der daraus resultierende Nutzen. Damit wird auf den Versuch einer vollständigen Aufdeckung bewusst verzichtet. Eine teilweise Separation kann hingegen durchaus sinnvoll sein, wenn sie etwa bei weit auseinander liegenden Parametern $\underline{\theta}$ und $\overline{\theta}$ ermöglicht,

64 Vgl. Laffont und Tirole (1988) und Litwack (1993).
65 Vgl. Laffont und Tirole (1988), S. 1158.
66 Vgl. Laffont und Tirole (1988), S. 1159, Proposition 1.
67 Vgl. Laffont und Tirole (1988), S. 1162, Proposition 2.

das Vorliegen eines Agenten vom Typ $\underline{\theta} + \epsilon$ für hinreichend kleine ε auszuschließen. Der Ratchett-Effekt zeigt sich hier in Gewinneinbußen des Prinzipalen bei Vorliegen eines Typs $\theta < \overline{\theta}$. Sie entstehen sowohl durch die Bemühungen des Prinzipalen, in der ersten Periode durch eine geeignete Vertragsgestaltung seine Informationen über θ zu verbessern als auch durch den Agenten, der eben diese Bemühungen bei der Wahl seines Arbeitseinsatzes antizipiert.

4.3.2.1.2 Der Ansatz nach *Litwack*

Im Gegensatz zum Ansatz von *Laffont* und *Tirole* exisitieren hier nur Agenten des Typs $\underline{\theta}$ oder $\overline{\theta}$. Der persönliche Disnutzen der Agenten hat die Form

$$\begin{aligned} w(a,\underline{\theta}) &= w(a) \\ w(a,\overline{\theta}) &= k \cdot w(a), \quad k \in [0,1] \end{aligned} \tag{4.58}$$

mit

$$\frac{\partial w}{\partial a} > 0, \quad \frac{\partial^2 w}{\partial \theta^2} > 0 \quad \text{für} \quad a > 0. \tag{4.59}$$

Beide Parteien sind auch hier risikoneutral.[68]

Litwack zeigt, dass bei Vorliegen dieser Bedingungen stets ein Wert $\hat{k} \in [0,1]$ existiert, so dass es für den Prinzipalen bei Vorliegen eines Wertes $k < \hat{k}$ optimal ist, durch Wahl eines geeigneten Vertrages den Typen des Agenten offenzulegen, während dies bei $k > \hat{k}$ nicht der Fall ist.

Beide Ansätze wurden exemplarisch für eine Reihe von Arbeiten zur Problematik der Anreizsteuerung bei zweiperiodigen Prinzipal-Agent-Beziehungen unter Berücksichtigung unbekannter Charaktereigenschaften des Agenten beschrieben. Dabei wurde deutlich, dass es nicht notwendigerweise im Interesse des Prinzipalen liegt, diese Charaktereigenschaften des Agenten aufzudecken.
Im Folgenden soll ein Ansatz zur Modellierung von Prinzipal-Agent-Beziehungen in der „Hidden Action"-Situation untersucht werden.

4.3.2.2 Ein zweiperiodiges LEN-Modell

Indjejikian und *Nanda* untersuchen in ihrer Arbeit ebenfalls ein zweiperiodiges Agency-Modell, in dem sich der Prinzipal nicht verpflichten kann, das Ergebnis der ersten Periode bei der Gestaltung der Entlohnung der zweiten Periode zu ignorieren. Sie gehen hierbei der

---
[68] Vgl. Litwack (1993), S. 275.

Fragestellung nach, ob es aus Sicht des Prinzipalen besser ist, den Agenten basierend auf zwei Leistungskriterien zu beurteilen oder ob eine Entlohnung anhand eines Aggregates beider Größen das Gesamtergebnis verbessert.
Indjejikian und *Nanda* gehen davon aus, dass der Agent n verschiedene Tätigkeiten mit den Arbeitseinsätzen $a_t^1, ..., a_t^n$ zu den Zeitpunkten $t = 1, 2$ ausführt. Das Periodenergebnis ergibt sich mittels

$$x_t = B(\vec{a}_t) + \varepsilon_t \tag{4.60}$$

wobei $B(\vec{a}) = \vec{b}_t^T \vec{a}$ angenommen wird. Der Vektor $\vec{b}_t$ ordnet jedem Arbeitseinsatz des Agenten einen Aktivitätsgewinn zu. Mit ε_t wird eine Zufallsvariable bezeichnet.[69]
Der Agent besitzt eine von-Neumann-Morgenstern Nutzenfunktion

$$U_A(\vec{a}_t, s_t) = -e^{-r(s(x_t)-0{,}5\,\vec{a}_t^T \vec{a}_t)}, \tag{4.61}$$

der Reservationsnutzen nehme ohne Beschränkung der Allgemeinheit den Wert null an. Zeitpräferenzen beider Parteien werden nicht berücksichtigt.
Der Agent wird anhand des Vektors $\vec{y}_t$ mit

$$\vec{y}_t = \vec{a}_t \cdot e_t + \vec{u}_t \tag{4.62}$$

entlohnt, wobei e_t eine Matrix von Leistungsmaßparametern und $\vec{u}_t$ eine normalverteilte Zufallsgröße mit dem Erwartungswert Null und positiv definiter Kovarianzmatrix Σ_{tt} vom Typ $(2, 2)$ ist. Der Agent wird somit nicht zwangsläufig am Periodenergebnis x entlohnt. Stattdessen können vom Prinzipalen auch andere Kompensationsgrundlagen, wie etwa Kostengrößen oder die Budgeteinhaltung gewählt werden.

Im Modell von *Indjejikian* und *Nanda* bietet der Prinzipal dem Agenten zu Beginn der ersten Periode einen Vertrag an, wobei in der Vertragsgestaltung bereits die zweiperiodige Prinzipal-Agent-Beziehung antizipiert wird. Der Agent wählt nun ebenfalls unter Berücksichtigung seiner Entscheidungsmöglichkeiten in der zweiten Periode den Arbeitseinsatz der ersten Periode. Im Zeitpunkt $t = 1$ wird anschließend $\vec{y}_1$ beobachtet und $s(\vec{y}_1)$ gezahlt. Zu Beginn der zweiten Periode handeln beide Parteien erneut einen Vertrag aus, bei dem die Beobachtungen der ersten Periode berücksichtigt werden. Nun wählt der Manager wiederum seinen Arbeitseinsatz und wird in $t = 2$ anhand des erzielten Ergebnisses $\vec{y}_2$ entlohnt.

Die Lösung des Optimierungsproblems erfolgt durch Rekursion. Der nutzenmaximierende

69 Vgl. Indjejikian und Nanda (1999), S. 181.

Arbeitseinsatz des Agenten in $t = 2$ lautet

$$\vec{a}_2^* = e_2^T \cdot \vec{v}_1^2, \tag{4.63}$$

wobei $\vec{v}_1^t$ die variable Vergütung und $\vec{v}_2^t$ das Fixgehalt der Periode t beschreibt. Der Prinzipal leitet sein gewinnmaximierendes Anreizschema der zweiten Periode mittels

$$\vec{v}_1^{*^2} = \left(e_2 e_2^T + r(\Sigma_{22} - \Sigma_{21}\Sigma_{11}^{-1}\Sigma_{21}^T)\right)^{-1} e_2 \vec{b}_2 \tag{4.64}$$

und

$$\vec{v}_2^{*^2} = 0,5 \cdot e_2^T e_2 + 0,5 \cdot r \cdot Var(\vec{v}_2^2 + (\vec{v}_1^2)^T \vec{y}_2 | \vec{y}_1) - E[(\vec{v}_1^2)^T \vec{y}_2 | \vec{y}_1] \tag{4.65}$$

ab. Im Falle einer eindimensionalen Betrachtung unter Berücksichtigung von

$$e_2 = 1, \quad \vec{b}_1 = 1, \quad \vec{b}_2 = 1, \quad \Sigma = \begin{pmatrix} \sigma_1^2 & 0 \\ 0 & \sigma_2^2 \end{pmatrix} \tag{4.66}$$

entspricht dies den Ergebnissen des LEN-Modells.

In der zweiten Stufe der Optimierung wird das Verhalten beider Parteien unter Berücksichtigung der oben genannten Beziehungen untersucht. *Indjejikian* und *Nanda* kommen zu dem Ergebnis, dass für den nutzenmaximierenden Arbeitseinsatz des Agenten

$$\vec{a}_1^* = e_1^T(\vec{v}_1^1 - \Sigma_{11}^{-1}\Sigma_{21}^T \vec{v}_1^2) \tag{4.67}$$

gilt.[70] Der Term $e_1^T \Sigma_{11}^{-1} \Sigma_{21}^T \vec{v}_{21}^2$ beschreibt die Reduktion des Arbeitseinsatzes des Agenten, die dieser auf Grund der Fähigkeit des Prinzipalen, die Ergebnisse der ersten Periode zur Vertragsgestaltung in $t = 2$ zu nutzen, wählt.

Die aus Sicht des Prinzipalen optimale variable Entlohnung in $t = 1$ lautet

$$\vec{v}_1^{1^*} = (e_1 e_1^T + r\Sigma_{11})^{-1}(e_1 \vec{b}_1 + e_1 e_1^T \Sigma_{11}^{-1} \Sigma_{21}^T \vec{v}_2^1) \tag{4.68}$$

wobei hier $\vec{v}_1^{1^*}$ die Reduktion des Arbeitseinsatzes des Agenten berücksichtigt und teilweise kompensiert.[71] Dies führt für den Prinzipalen zu einem Überschuss $\pi_{Ratchett}$ von

---

70 Vgl. Indjejikian und Nanda (1999), S. 185.
71 Vgl. Ebenda, S. 186.

$$\begin{aligned} \pi_{Ratchett} &= \frac{1}{2}\vec{b}_1^T e_1^T (e_1 e_1^T + r\Sigma_{11})^{-1} e_1 \vec{b}_1 \\ &- r\left(\vec{b}_1^T e_1^T + \frac{1}{2}(\vec{v}_1^2)^T \Sigma_{21}\Sigma_{11}^{-1} e_1 e_1^T\right)(e_1 e_1^T + r\Sigma_{11})^{-1}\Sigma_{21}^T \vec{v}_1^2 \\ &+ \frac{1}{2}\vec{b}_2^T e_2^T \left(e_2 e_2^T + r(\Sigma_{22} - \Sigma_{21}\Sigma_{11}^{-1}\Sigma_{21}^T)\right)^{-1} e_2 \vec{b}_2. \end{aligned} \tag{4.69}$$

Dabei stellt die erste Zeile der rechten Seite der Gleichung den erwarteten Gewinn des Prinzipalen bei Zugrundelegung eines einperiodigen Modells dar. Die zweite Zeile beschreibt, wie der Gewinn des einperiodigen Modells durch Berücksichtigung des Ratchett-Effekts reduziert wird. Die dritte Zeile stellt den Gewinn des Prinzipalen in der zweiten Periode dar. Dabei fällt auf, dass der Term in der zweiten Zeile im Falle unkorrelierter Zufallsgrößen verschwindet.

Die Optimierung des zweiperiodigen Modells zerfällt also in zwei einperiodige Optimierungsprobleme. Kann sich der Prinzipal dagegen zu Beginn der ersten Periode auf ein Entlohnungsschema festlegen, das in der zweiten Periode unabhängig vom erzielten Ergebnis der ersten Periode ist, so erhöht sich sein Überschuss um den Betrag

$$\pi_{Commit} - \pi_{Ratchett} = \frac{1}{2} r X^T (e_2 e_2^T + r\Sigma_{22} - r^2 \Sigma_{21} P^{-1} \Sigma_{12})^{-1} \cdot X \geq 0 \tag{4.70}$$

mit $X = \Sigma_{21}\Sigma_{11}^{-1} e_1 e_1^T P^{-1} \Sigma_{12} (e_2 e_2^T + r(\Sigma_{22} - \Sigma_{21}\Sigma_{11}^{-1}\Sigma_{12}))^{-1} e_2 \vec{b}_2 + \Sigma_{21} P^{-1} e_1 \vec{b}_1$ und $P = e_1 e_1^T + r\Sigma_{11}$.[72] Die Variable π_{Commit} beschreibt dabei den Überschuss des Prinzipalen, den er erzielen könnte, wenn er sich vor Beginn der Vertragsbeziehung auf ein für beide Perioden gültiges Entlohnungsschema festlegen könnte. Durch die mögliche Nutzung der Information aus $t = 1$ entgeht dem Prinzipalen im Falle unkorrelierter Zufallsgrößen Gewinn. Weiter hängt der durch den Ratchett-Effekt verursachte Mindergewinn von den Aggregaten $\vec{b}$ ab. Durch geeignete Wahl von Kompensationsgrundlagen kann somit die Ausweitung des Ratchett-Effekts gemindert werden.

Die hier vorgestellten Modelle der Prinzipal-Agent-Theorie berücksichtigen Übungsfortschritte der Agenten nicht. Zwar wird im Rahmen dynamischer Modelle untersucht, inwieweit Prinzipal und Agent Wissen über ihre eigenen Fähigkeiten beziehungsweise die der anderen Parteien generieren können, dies berücksichtigt jedoch nur das Lernen über die wahre Höhe von Parametern.

Bei der Untersuchung zweiperiodiger Prinzipal-Agent-Modelle wurde deutlich, dass Agenten durch die Berücksichtigung dynamischer Konzepte zur Reduktion ihres Arbeitseinsatzes neigen, um ihren Informationsvorsprung nicht einzubüßen. Dies führt für den Prinzi-

[72] Vgl. Ebenda, S. 187, Proposition 1.

palen zu Gewinnreduktionen und lässt die Frage offen, inwieweit Agenten, die Übungsfortschritte erzielen, diese auch an einen Prinzipalen melden oder in seinem Sinne einsetzen. Vielmehr könnten sie an einer Leistungszurückhaltung interessiert sein, um in den folgenden Perioden einen höheren verdeckten Nutzen zu generieren. Dieser und anderer Fragestellungen soll im Rahmen der folgenden Erörterungen nachgegangen werden.
Die vorgestellten dynamischen Modelle sind dazu nur bedingt hilfreich. Eine durch Übung steigende Produktivität des Agenten wurde in allen genannten Modellen nicht berücksichtigt. Allerdings erwähnt *Holmstrøm*[73] die Möglichkeit einer dynamischen Modellierung mit Hilfe der Grenzproduktivität η des Agenten. Dieser Parameter soll aufgegriffen werden, um mit ihm die sich verändernde Grenzproduktivität des Agenten zu beschreiben. Mit seiner Hilfe soll ein dynamisches LEN-Modell in Anlehnung an *Indjejikian* und *Nanda* modelliert werden. Die Grenzproduktivität des Agenten sei beiden Parteien vor Beginn der Vertragsbeziehung bekannt, so dass die Problematik ihrer Aufdeckung durch den Prinzipalen wie in Litwack (1993) und Laffont und Tirole (1988) nicht besteht. Allerdings könnte auch hier der Agent bewusst in der ersten Periode Leistungszurückhaltung üben, um damit seinen aus der zweiten Periode resultierenden Nutzen zu erhöhen.

[73] Vgl. Gleichung (4.46).

5 Ein statisches LEN-Modell unter Berücksichtigung bisheriger Erfahrung des Agenten

Zunächst soll untersucht werden, ob sich mit Hilfe des LEN-Modells nach *Spremann*[1] Unterschiede in der Struktur der optimalen Entlohnung geübter und ungeübter Agenten ergeben. Die Vertragsgestaltung beider Parteien wird zunächst in einem komparativ-statischen Modell untersucht. Es wird angenommen, dass beide Parteien einen Vertrag über die einmalige Ausübung einer Tätigkeit abschließen. Dabei berücksichtigen weder Prinzipal noch Agent, dass Letzterem durch die Vertragsbeziehung ein Erfahrungszuwachs entsteht. Von besonderem Interesse soll insbesondere der Anteil der variablen Vergütung und des Fixums sein. Weiter soll die sich daraus ergebende Höhe des aus Sicht des Agenten optimalen Arbeitseinsatzes bestimmt werden. Es wird hier untersucht, ob sich zunehmende Übung positiv oder negativ auf die Parameter der Entlohnung auswirkt und wie sich die Entlohnung in diesem Modell von den Ergebnissen *Spremanns* unterscheidet.

Die Übungseffekte des Agenten werden mit Hilfe der Lernkurve nach *DeJong*[2] beziehungsweise nach dem Potenzgesetz der Übung modelliert. Letzteres hat in der Theorie des kognitiven Fertigkeitserwerbs ein so hohes Maß an Zustimmung erhalten, dass es geeignet erscheint, Übungseffekte weitestgehend realitätsnah zu gestalten.

Beide Modelle scheinen geeignet, in einem statischen Modell eine Prinzipal-Agent-Beziehung mit Berücksichtigung von Übungseffekten zu beschreiben. Das Potenzgesetz der Übung wird in den Theorien des kognitiven Fertigkeitserwerbs nicht bestritten, und für $k_1 = 0$ enthält es die Lernkurve nach *Wright* als Spezialfall. Wegen ihrer breiten Akzeptanz sollen beide Modelle im Weiteren verwendet werden.

5.1 Modellannahmen

Die Grundannahmen des LEN-Modells gelten auch hier mit einer Erweiterung durch die sich ändernde Grenzproduktivität des Agenten. Dies soll mit Hilfe der von *Holmstrøm*

1 Vgl. Spremann (1987).
2 Vgl. DeJong (1957).

vorgeschlagenen Beziehung[3] gemäß

$$x = \eta a + \varepsilon \tag{5.1}$$

geschehen.[4] Die bisherigen Übungseffekte werden durch den Parameter n, $n > 0$, modelliert, der beschreibt, wie oft der Agent die vertraglich festgelegte Tätigkeit bereits ausgeführt hat. Die Durchführungszeit der n-ten Wiederholung kann gemäß dem Potenzgesetz der Übung durch

$$t(n) = k_1 + k_2 \cdot n^{-b} \tag{5.2}$$

mit $b > 0$ beschrieben werden. Es sei n_{max} die selbst für sehr geübte Agenten maximal während der Vertragsdauer T durchführbare Anzahl an Wiederholungen ihrer Aufgabe mit $k_1 \cdot n_{max} = T$. Der Produktivitätsparameter $\eta(n)$ kann so durch

$$\eta(n) = \frac{k_1}{k_1 + k_2 \cdot n^{-b}} \tag{5.3}$$

beschrieben werden. Für $n \to 0$ nähert sich $\eta(n)$ dem Wert null, für $n \to \infty$ gilt dagegen $\lim_{n\to\infty} \eta(n) = 1$. Unerfahrene Agenten haben somit einen sehr niedrigen Produktivitätsparameter, während sehr geübte Agenten einen Wert nahe eins erzielen können.

Die weiteren Annahmen des LEN-Modells gelten unverändert. Der Agent erhält eine Entlohnung der Form $s(x) = v_1 \cdot x + v_2$ und empfindet aus seinem Arbeitseinsatz a ein Arbeitsleid $w(a) = -\frac{a^2}{2}$. Der aus Entlohnung und Arbeitsleid generierte Nutzen wird durch

$$U_A(s, a) = -e^{-r(s(x) - \frac{a^2}{2})} \tag{5.4}$$

beschrieben. Der Prinzipal ist risikoneutral, sein Nutzen entspricht also dem Erwartungswert des Ergebnisses $x - s(x)$. Der Agent ist risikoavers, die Zufallsgröße ε ist normalverteilt mit dem Erwartungswert null und der Varianz σ^2.

Es wird weiter davon ausgegangen, dass nach Ablauf der vertraglichen Beziehungen weder Prinzipal noch Agent einen Nutzen aus der zusätzlich gewonnenen Übung erzielen können.

---

[3] Vgl. Holmstrøm (1999).

[4] Diese Beziehung wird auch von Blickle-Liebersbach (1989) zur Modellierung der Grenzproduktivität eines Agenten verwendet.

5.2 Das Optimierungsproblem des Prinzipalen

5.2.1 Der First-Best-Fall

In der First-Best-Situation ist der Prinzipal in der Lage, den Arbeitseinsatz a des Agenten direkt zu beobachten. Da er risikoneutral ist, der Agent hingegen risikoavers, ist es aus Sicht des Ersteren optimal, Letzteren abhängig von seinem Arbeitseinsatz zu entlohnen.[5] Die Entlohnungsfunktion hat die Gestalt

$$s(a) = v_1 \cdot a + v_2. \tag{5.5}$$

Damit trägt der Prinzipal das Risiko allein. Der Agent maximiert nun

$$U_A(a) = -e^{-r(v_1\, a + v_2 - \frac{a^2}{2})} \tag{5.6}$$

durch

$$\frac{\partial U_A}{\partial a} = r\,(v_1 - a^*)\, e^{-r\left(v_1\, a^* + v_2 - \frac{(a^*)^2}{2}\right)} \stackrel{!}{=} 0. \tag{5.7}$$

Die notwendige Bedingung lautet $a^* = v_1$ und ist so analog zum LEN-Modell nach Spremann unabhängig von der Grenzproduktivität des Agenten und auch unabhängig von dessen bisheriger Erfahrung. Die hinreichende Bedingung ist an der Stelle $a^* = v_1$ für ein Maximum erfüllt, da

$$\frac{\partial^2 U_A(a^*)}{\partial^2 a} < 0 \tag{5.8}$$

gilt. Aus Sicht des Agenten ist es optimal, einen Arbeitseinsatz $a^* = v_1$ zu wählen.

Diese Beziehung antizipiert der Prinzipal zur Lösung seines Optimierungsproblems, welches mittels der in dem betrachteten Fall bestimmbaren Variablen a durch

$$\max_{s,a} E(x - s(a)) \tag{5.9}$$

unter den Nebenbedingungen

$$a = v_1$$
$$\exists a: \quad v_1\, a + v_2 - \tfrac{a^2}{2} \geq \overline{U}_A^S$$

mit

$$\overline{U}_A^S = -\frac{1}{r}\ln(-\overline{U}_A)$$

[5] Vgl. Abschnitt 4.2.1.

angegeben werden kann. Die zweite Nebenbedingung ist im Optimum als Gleichung erfüllt[6], da das Fixgehalt v_2 keinen Einfluss auf den vom Agenten gewählten Arbeitseinsatz hat und somit so lange reduziert werden kann, bis die Teilnahmebedingung als Gleichung erfüllt ist. Die optimale Höhe von v_2 lässt sich deshalb aus

$$v_2 = \overline{U}_A^S - v_1\, a + \frac{a^2}{2} = \overline{U}_A^S - \frac{v_1^2}{2} \tag{5.10}$$

bestimmen. Diese Beziehung kann in die Zielfunktion des Prinzipalen integriert werden, die

$$\begin{aligned} \pi_{FB}(v_1) &= a^*\eta - v_1\, a^* - \overline{U}_A^S + v_1\, a^* - \frac{(a^*)^2}{2} \\ &= v_1\eta - \overline{U}_A^S - \frac{v_1^2}{2} \end{aligned} \tag{5.11}$$

lautet. Wegen

$$\frac{\partial \pi}{\partial v_1} = \eta - v_1 \tag{5.12}$$

gilt $v_1^* = \eta$. Für den Prinzipalen ist es somit optimal, die Höhe des gezahlten Ergebnisanteils der Grenzproduktivität des Agenten anzupassen. Das gefundene Optimum ist auf Grund der Beziehung

$$\frac{\partial^2 \pi_{FB}}{\partial^2 v_1} = -1 \tag{5.13}$$

ein globales Maximum. Das daraus resultierende, dem Agenten zu zahlende optimale Fixgehalt beträgt

$$v_2^* = \overline{U}_A^S - \frac{\eta^2}{2}, \tag{5.14}$$

der Agent erhält so ein Fixum in Höhe seines Reservationsnutzens abzüglich der gezahlten variablen Vergütung und zuzüglich eines Ausgleiches für das entstandene Arbeitsleid. Durch die Einbeziehung der Gleichung (5.3) folgt für die optimale Entlohnung

$$v_1^* = \frac{k_1}{k_1 + k_2\, n^{-b}} \tag{5.15}$$

$$v_2^* = \overline{U}_A^S - \frac{1}{2}\left(\frac{k_1}{k_1 + k_2\, n^{-b}}\right)^2. \tag{5.16}$$

Wegen $a^* = v_1$ wird der Agent seinen optimalen Arbeitseinsatz mit

$$a^* = \frac{k_1}{k_1 + k_2\, n^{-b}} \tag{5.17}$$

[6] Vgl. Abschnitt 4.2.

in Höhe des Anteils am Erbgebnis wählen. Daraus resultiert für den Prinzipalen ein erwarteter Gewinn von

$$\begin{aligned} \pi(v_1^*) &= a^*\eta - \overline{U}_A^S - \frac{(a^*)^2}{2} \\ &= \frac{\eta^2}{2} - \overline{U}_A^S. \end{aligned} \tag{5.18}$$

Dieser setzt sich aus dem erwarteten Ergebnis abzüglich des an den Agenten gezahlten Reservationsnutzens zusammen.

5.2.1.1 Abhängigkeit der optimalen Lösung von der Höhe des Parameters n

Im Folgenden soll untersucht werden, wie sich die Höhe der Erfahrung n des Agenten auf den optimalen Anreizvertrag und den aus Sicht des Agenten optimalen Arbeitseinsatz auswirkt. Des Weiteren soll ein Vergleich zum LEN-Modell nach *Spremann* gezogen werden, um zu verdeutlichen, dass die Einbeziehung der sich durch Lernkurveneffekte verändernden Grenzproduktivität zur Gestaltung optimaler Verträge im LEN-Modell notwendig ist.

Zunächst wird untersucht, wie sich eine Veränderung von n auf die Höhe des Parameters η auswirkt. Dieser beschreibt die Höhe der Grenzproduktivität des Agenten. Die Veränderung des Parameters η wird durch die erste Ableitung nach n,

$$\frac{\partial \eta}{\partial n} = \frac{k_1\, k_2\, b \cdot n^{-1-b}}{(k_1 + k_2\, n^{-b})^2}, \tag{5.19}$$

charakterisiert. Da sowohl der Zähler als auch der Nenner strikt positv sind, ist η monoton wachsend in n. Wegen

$$\frac{\partial^2 \eta}{\partial n^2} = -\frac{k_1\, k_2\, b\, n^{-2-b}(k_1 + k_2\, n^{-b} + b\, k_1 - k_2\, b\, n^{-b})}{(k_1 + k_2\, n^{-b})^3} \tag{5.20}$$

und $b < 1$ ist η strikt konkav, da der Zähler der Bruchs strikt negativ ist, während der Nenner grösser als Null ist. Die Grenzproduktivität des Agenten nimmt somit bei steigender Erfahrung zu. Je höher die bereits erzielte Erfahrung ist, desto geringer ist der Zuwachs der Grenzproduktivität. Ein bereits sehr erfahrener Agent kann seine Grenzproduktivität also nur sehr mühevoll steigern, während dies Personen, die über wenig Erfahrung verfügen, vergleichsweise leicht gelingt. Der Parameter η wird nicht unbegrenzt gross, sondern ist wegen

$$\lim_{n \to \infty} \eta = 1 \tag{5.21}$$

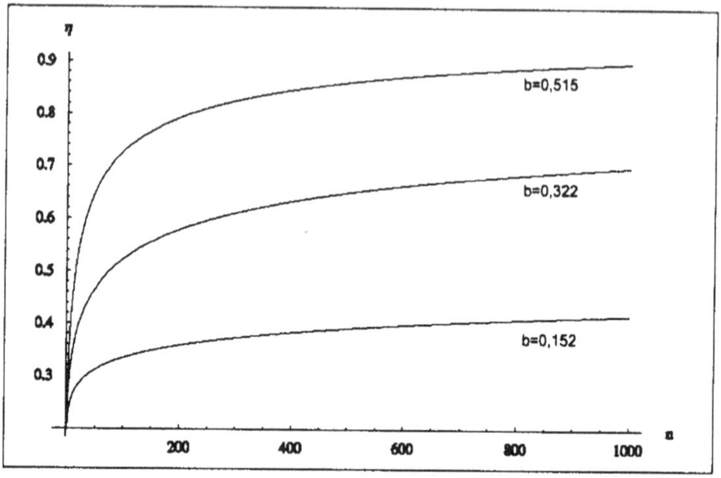

Abbildung 5.1: Die Höhe von η abhängig von der Erfahrung n.

durch $n_\infty = 1$ begrenzt. Ein unerfahrener Agent nähert sich diesem Wert anfangs sehr schnell an, während sich diese Annäherung bei steigendem n langsamer vollzieht. Einige Beispielverläufe für η sind in Abbildung 5.1 dargestellt.

Die Abhängigkeit der Parameter a^* und v_1^* von n folgt wegen

$$a^* = v_1^* = \eta \tag{5.22}$$

unmittelbar aus dem Verlauf des Parameters η. Auch sie sind auf Grund der Beziehung

$$\frac{\partial \eta}{\partial n} > 0 \quad \text{und} \quad \frac{\partial^2 \eta}{\partial^2 n} < 0 \tag{5.23}$$

strikt monoton steigend und konkav. Eine Interpretation ergibt sich unmittelbar aus dem Verlauf von v_2. Dieser Parameter ist wegen

$$\frac{\partial v_2}{\partial n} = \frac{\partial v_2}{\partial \eta} \cdot \frac{\partial \eta}{\partial n} = -\eta \cdot \frac{\partial \eta}{\partial n} \tag{5.24}$$

strikt monoton fallend in n. Eine Erklärung für dieses Verhalten von a^*, v_1^* und v_2^* folgt aus der Arbeitsleidfunktion und der Teilnahmebedingung des Agenten. Ein unerfahrener Agent besitzt eine geringe Grenzproduktivität η und kann somit im Vergleich zu einem erfahrenen Agenten mit dem gleichen Arbeitsleid weniger zum Gewinn des Prinzipalen beitragen. Da Letzterer in Form der Teilnahmebedingung das Arbeitsleid vergüten muss,

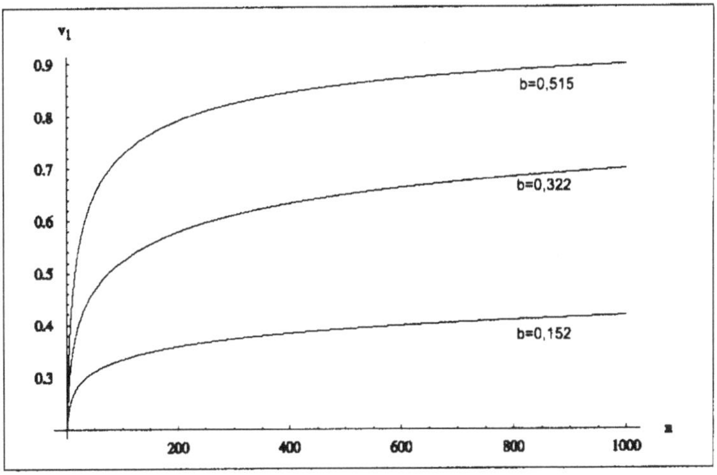

Abbildung 5.2: Die Höhe von v_1 abhängig von der Erfahrung n.

wird dies für ihn nur soweit sinnvoll sein so lange das Grenzarbeitsleid geringer ist als die Grenzproduktivität des Agenten. Ist die Grenzproduktivität des Agenten auf Grund mangelnder Erfahrung gering, so ist es nicht im Interesse des Prinzipalen, einen hohen Arbeitseinsatz a zu induzieren. Verschiedene Verläufe von v_1 werden exemplarisch in Abbildung 5.2 dargestellt.

Der Agent wiederum wählt wie im LEN-Modell nach *Spremann* einen Arbeitseinsatz von $a^* = v_1$, da seine Entlohnung nur mittelbar von seiner Grenzproduktivität abhängt und im First-Best-Fall direkt in Abhängigkeit vom Arbeitseinsatz a erfolgt. Auch hier wird der Arbeitseinsatz so gewählt, dass der daraus erzielte zusätzliche monetäre Nutzen gerade dem zusätzlichen Arbeitsleid entspricht. Dies ist für den Agenten bei $a^* = v_1$ der Fall. Der monotone Anstieg von a^* resultiert also aus Sicht des Agenten einzig aus der zugrundeliegenden Entlohnung und damit nur mittelbar aus der veränderten Grenzproduktivität. Der Rückgang von v_2 ergibt sich aus einem von den bisher gesammelten Erfahrungen unabhängigen Reservationsnutzen $\overline{U}_A^S$. Je größer die Erfahrung des Agenten, desto höher ist die daraus resultierende variable Entlohnung und damit auch der vom Agenten geleistete Arbeitseinsatz. Auf Grund der höheren Grenzproduktivität des Agenten resultiert zusätzlich noch ein erhöhtes erwartetes Ergebnis $a^* \cdot \eta$. Die insgesamt gezahlte variable Vergütung $v_1^* \cdot a^* \cdot \eta$ ist also um so größer, je höher die Erfahrung des Agenten ist. Gleichzeitig steigt jedoch auch das vom Agenten empfundene Arbeitsleid $\frac{a^{*2}}{2}$, jedoch nicht in dem Maße, wie die gezahlte variable Entlohnung. Daraus resultiert, dass die fixe Vergütung als

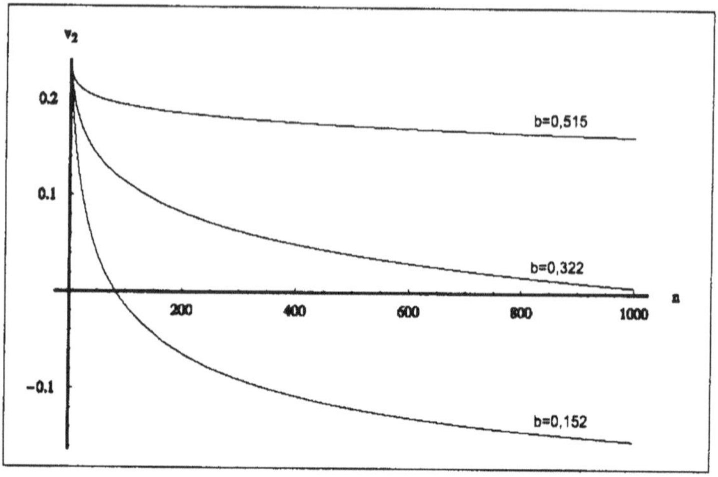

Abbildung 5.3: Die Höhe von v_2 abhängig von der Erfahrung n.

Differenz zwischen Reservationsnutzen und variabler Entlohnung bei einem Anstieg der variablen Vergütung sinkt. Dies wird in Abbildung 5.3 exemplarisch verdeutlicht. Weiter stellt sich die Frage, ob es für den Prinzipalen lohnend ist, eher erfahrenere Agenten zu beschäftigen. Dies wird unmittelbar durch

$$\frac{\partial \pi_{FB}}{\partial n} = \eta \cdot \frac{\partial \eta}{\partial n} \tag{5.25}$$

beantwortet, da dieser Term wegen $\eta > 0$ und $\frac{\partial \eta}{\partial n} > 0$ ebenfalls strikt positiv ist. Somit führt bei gleichem Reservationsnutzen ein erfahrener Agent zu einem höheren erwarteten Gewinn als ein Ungeübter, die Einstellung geübter Agenten ist also für den Prinzipalen lohnender. Durch

$$\pi_{FB}(v_1^*) = \frac{\eta^2}{2} - \overline{U}_A^S \tag{5.26}$$

ist es sogar möglich, dass für den Prinzipalen aus der Vertragsbeziehung ein negativer erwarteter Gewinn resultiert. In diesem Falle wäre es rational, von einem Vertrag abzusehen. Aus Sicht des Prinzipalen stellt sich die Frage, ab welchem Erfahrungsschatz n eine vertragliche Beziehung zu einem positiven erwarteten Gewinn führt. Dies ist wegen

$$\begin{aligned} \pi(\hat{n}) = 0 \quad &\Leftrightarrow \quad \eta^2 = 2\overline{U}_A^S \\ &\Leftrightarrow \quad \log_{-b}\left[\frac{1}{k_2}\left(\frac{k_1}{\sqrt{2\overline{U}_A^S}} - k_1\right)\right] = \hat{n} \end{aligned} \tag{5.27}$$

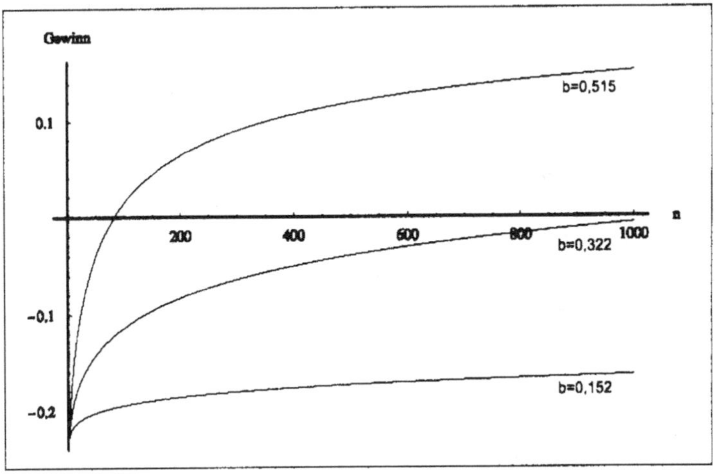

Abbildung 5.4: Die Höhe von π_{FB} abhängig von der Erfahrung n.

ab dem Wert $\hat{n}$ der Fall. Beispielhafte Verläufe von π_{FB} werden in Abbildung 5.4 sichtbar.

5.2.1.2 *Abhängigkeit der optimalen Lösungvon der Risikoaversion des Agenten und der Streuung der Zufallsvariablen*

Der Parameter r misst den Grad der Risiokoneigung des Entscheiders, während σ^2 die Höhe der Varianz der Zufallsvariablen ε angibt. Beide Variablen haben keinen mittelbaren Einfluss auf die Entlohnung des Agenten, da die Höhen von v_1^* und v_2^* unabhängig von r und σ^2 sind.

Der Grund dafür ist in der Art der Vertragsbeziehung der First-Best-Situation zu sehen. Der Agent wird direkt an der Höhe seines Arbeitseinsatzes a entlohnt, er trifft also die Entscheidung über die Höhe des Arbeitseinsatzes unter Sicherheit. Damit beeinflusst der Grad seiner Risikoaversion beziehungsweise die Streuung des Ergebnisses x seine Entscheidung nicht. Es ist somit aus Sicht des Prinzipalen nicht notwendig, diese Größen bei der Vertragsgestaltung zu berücksichtigen.

Die Höhe beider Parameter ist ebenso für die Höhe des erwarteten Überschusses π_{FB} unerheblich. Ursache hierfür ist, dass die dem Agenten gezahlte Entlohnung unabhängig von beiden Parametern ist. Die Variable ε geht einzig in die dritte Komponente von π_{FB}, den erwarteten Überschuss $E[x] = E[\eta\, a + \varepsilon]$, ein. Da ε jedoch einen Erwartungswert von Null besitzt und η sowie a deterministisch sind, hat die Streuung σ^2 keinen Einfluss auf

η und a, folglich ebenfalls nicht auf π_{FB}. Gleiches gilt für den Parameter r, der in der Zielfunktion des Prinzipalen keine Rolle spielt. Somit sind r und σ^2 unerheblich für die Höhe des erwarteten Gewinns in der First-Best-Lösung.

5.2.1.3 *Abhängigkeit der Ergebnisse von der Höhe des Reservationsnutzens*

Die Höhe des Reservationsnutzens $\overline{U}_A^S$ hat keinen Einfluss auf den optimalen Gewinnanteil v_1^* und damit auf den aus Sicht des Agenten optimalen Arbeitseinsatz a^*. Eine Ursache liegt darin, dass der Agent seinen Arbeitseinsatz a^* so wählt, dass das Grenzarbeitsleid $\frac{\partial w}{\partial a} = a$ im Optimum der damit einhergehenden Grenzentlohnung v_1 entspricht. Die Höhe des Reservationsnutzens ist für diese Parameter irrelevant.

Das Fixgehalt v_2^* dagegen ist linear von $\overline{U}_A^S$ abhängig. Eine Erhöhung von $\overline{U}_A^S$ um den Betrag δ führt direkt zu einer Erhöhung des Fixgehalts um δ.

Der erwartete Gewinn π_{FB} des Prinzipalen ist ebenfalls linear von $\overline{U}_A^S$ abhängig, allerdings führt hier eine Verringerung des Reservationsnutzens um den Betrag δ zu einer Erhöhung von π_{FB} um diese Grösse. Diese Beziehung wurde bereits von *Grossman* und *Hart*[7] postuliert und besagt, dass der sogenannte Surplus, also die Summe der Nutzen beider Parteien, unabhängig von der Höhe des Parameters $\overline{U}_A^S$ ist. Die Abhängigkeit des Gewinns vom Reservationsnutzen des Agenten wird in Abbildung 5.5 dargestellt.

5.2.1.4 *Vergleich der First-Best-Lösung mit dem LEN-Modell nach Spremann*

Das LEN-Modell nach *Spremann* stellt für $\eta = 1$ einen Spezialfall des soeben vorgestellten Problems dar. Für $\eta < 1$ ist der hier erzielte erwartete Gewinn des Prinzipalen geringer als im LEN-Modell. Gleiches gilt für die Parameter a^* und v_1^*. Da der Agent somit ein geringeres Arbeitsleid erfährt, erhält er auch ein geringeres Fixgehalt v_2^*, zieht jedoch auch hier gemäß der Modellannahmen aus der Vertragsbeziehung seinen Reservationsnutzen.

5.2.2 *Der Second-Best-Fall*

Das Optimierungsproblem des Prinzipalen lässt sich analog zum LEN-Modell nach *Spremann* durch

$$\max_{s(x),a} E(x - s(x)) \tag{5.28}$$

7 Vgl. Grossman und Hart (1983).

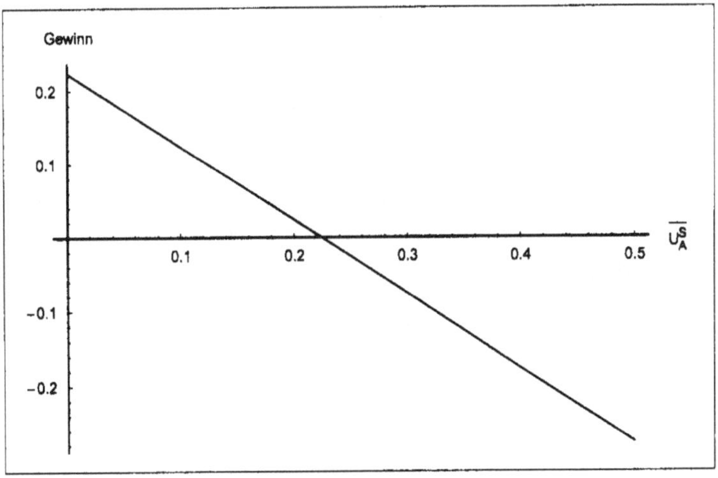

Abbildung 5.5: Die Höhe von π_{FB} abhängig vom Reservationsnutzen.

unter den Nebenbedingungen

$$a^* \in arg \max_{a'} E\left(-e^{-r(s(x)-\frac{a'^2}{2})}\right)$$
$$\exists a : E\left(-e^{-r(s(x)-\frac{a^2}{2})}\right) \geq \overline{U}_A$$

angeben. Zur Lösung wird zunächst der aus Sicht des Agenten optimale Arbeitseinsatz a^* ermittelt.

Der Agent löst das Problem

$$\max_a E\left(-e^{-r(s(x)-\frac{a^2}{2})}\right) \tag{5.29}$$

unter den Bedingungen

$$s(x) = v_1 \cdot x + v_2$$
$$x = \eta \cdot a + \varepsilon.$$

Äquivalent zur Maximierung des Erwartungsnutzens erfolgt die Optimierung des dazu gehörigen Sicherheitsäquivalents.[8] Dieses kann, wie in Anhang A beschrieben, aus dem

[8] Vgl. Kapitel 4.2.2.

Erwartungsnutzen des Agenten hergeleitet werden und beträgt

$$S\ddot{A} = v_1 \cdot \eta \cdot a + v_2 - \frac{a^2}{2} - \frac{r}{2} \cdot \sigma^2 \cdot v_1^2. \tag{5.30}$$

Das Sicherheitsäquivalent besteht aus dem Erwartungswert der Entlohnung abzuzüglich des Arbeitsleides des Agenten und eines Terms, der abhängig von der Risikoeinstellung des Agenten und dem mit der Vertragsbeziehung verbundenen Risiko ist. Dieser Term wird auch Risikoprämie genannt. Durch

$$\frac{\partial S\ddot{A}}{\partial a} = v_1 \cdot \eta - a \stackrel{!}{=} 0 \tag{5.31}$$

wird $a^* = v_1 \cdot \eta$ als notwendige Bedingung für ein Optimum generiert. Wegen

$$\frac{\partial^2 S\ddot{A}}{\partial^2 a} = -1 \tag{5.32}$$

ist die hinreichende Bedingung für ein Maximum erfüllt. Somit wählt der Agent einen Arbeitseinsatz von $a^* = v_1 \cdot \eta$.

Diese Gleichung ersetzt die Anreizkompatibilitätsbedingung im Optimierungsproblem des Prinzipalen. Dieser löst somit

$$\max_{s,a} E(x - s(x)) \tag{5.33}$$

unter den Nebenbedingungen

$$a^* = v_1 \cdot \eta$$

$$\exists a^* : \quad v_1 \cdot \eta \cdot a^* + v_2 - \frac{(a^*)^2}{2} - \frac{r}{2} \cdot \sigma^2 \cdot v_1^2 \geq \overline{U}_A^S$$

wobei $\overline{U}_A^S$ das Sicherheitsäquivalent beschreibt, dass der Agent durch seine Tätigkeit mindestens erzielen will.[9] Die letzte Bedingung ist im Optimum als Gleichung erfüllt,[10] da die Höhe des Fixgehalts v_2 keinen Einfluss auf den Arbeitseinsatz des Agenten hat. Falls die Bedingung als Ungleichung erfüllt ist, kann der Prinzipal v_2 um einen hinreichend kleinen Betrag δ absenken, ohne dass dies den Arbeitseinsatz des Agenten beeinflussen würde. Der Prinzipal erhielte so einen Nutzenzuwachs. Im Optimum gilt deshalb

$$v_2^* = \overline{U}_A^S - v_1^* \cdot \eta \cdot a^* + \frac{(a^*)^2}{2} + \frac{r}{2} \cdot \sigma^2 \cdot (v_1^*)^2 \tag{5.34}$$

9 Wegen $E(U_A) = U_A(S\ddot{A})$ ist $U_A(\overline{U}_A^S) = \overline{U}_A$.

10 Vgl. Abschnitt 4.2.

für das Fixgehalt des Agenten. Die Zielfunktion unter Einbeziehung der beiden Gleichheitsnebenbedingungen ist mittels

$$\begin{aligned} \pi(v_1)_{SB} &= a^* \cdot \eta - \overline{U}_A^S - \frac{(a^*)^2}{2} - \frac{r}{2} \cdot \sigma^2 \cdot v_1^2 \\ &= v_1 \cdot \eta^2 - \overline{U}_A^S - \frac{v_1^2 \eta^2}{2} - \frac{r}{2} \cdot \sigma^2 \cdot v_1^2 \end{aligned} \tag{5.35}$$

gegeben. Die notwendige Bedingung lautet

$$\frac{\partial \pi_{SB}}{\partial v_1} = \eta^2 - v_1^* \eta^2 - r\sigma^2 v_1^* \stackrel{!}{=} 0 \tag{5.36}$$

und wird durch

$$v_1^* = \frac{\eta^2}{\eta^2 + r\sigma^2} \tag{5.37}$$

gelöst. Die Höhe der optimalen variablen Vergütung kann damit allein mittels der Grenzproduktivität des Agenten, seiner Risikoeinstellung und der Varianz der Zufallsgröße ε bestimmt werden. Die Höhe des Reservationsnutzens geht nicht in diese Größe ein. Die hinreichende Bedingung für ein globales Maximum ist wegen

$$\frac{\partial^2 \pi}{\partial^2 v_1} = -\eta^2 - r\sigma^2 < 0 \tag{5.38}$$

erfüllt, v_1^* ist damit der überschussmaximierende Gewinnanteil des Agenten. Das optimale Fixgehalt v_2^* kann durch

$$v_2^* = \overline{U}_A^S - \frac{(v_1^*)^2}{2}(\eta^2 - r\sigma^2) \tag{5.39}$$

$$ = \overline{U}_A^S - \frac{\eta^4(\eta^2 - r\sigma^2)}{2(\eta^2 + r\sigma^2)^2} \tag{5.40}$$

berechnet werden und stellt wiederum den Betrag dar, den der Prinzipal dem Agenten zahlen muss, damit dieser aus der Vertragsbeziehung seinen Reservationsnutzen erhält. Durch Einsetzen der Beziehung (5.3) kann dies zu

$$\begin{aligned} v_1^* &= \frac{k_1^2}{\left(k_1 + \frac{k_2}{n^b}\right)^2 \left(r\,\sigma^2 + \frac{k_1^2}{\left(k_1 + \frac{k_2}{n^b}\right)^2}\right)} \\ v_2^* &= \overline{U}_A^S - \frac{k_1^3 + k_1^2\, r\,\sigma^2 \cdot (k_1 + k_2 n^{-b})}{2(k_1 + k_2 n^{-b})^3 (r\sigma^2 + \frac{k_1^2}{(k_1 + k_2 n^{-b})^2})} \end{aligned} \tag{5.41}$$

umgeformt werden. Der erwartete Überschuss des Prinzipalen beträgt

$$\begin{aligned} \pi_{SB}(v_1^*) &= \eta \cdot a^* - \eta^2 \cdot (v_1^*)^2 - v_2^* \\ &= \frac{\eta^4}{2(\eta^2 + r\,\sigma^2)} - \overline{U}_A^S \end{aligned} \tag{5.42}$$

und ist damit sowohl von der Risikoeinstellung des Agenten als auch von der Varianz der Zufallsgröße ε abhängig. Die optimale Höhe des Arbeitseinsatzes a^*, des Anteils am Gewinn v_1^*, des zu zahlenden Fixgehaltes v_2^* und der daraus resultierende erwartete Gewinn können auch im Second-Best-Fall ermittelt werden. Im Folgenden wird untersucht, wie sich die Höhe der Parameter n, r, σ^2 und $\overline{U}_A^S$ auf die optimale Lösung auswirkt.

5.2.2.1 *Abhängigkeit der optimalen Lösung von der Höhe der Erfahrung n*

Zunächst soll daran erinnert werden, dass der Parameter η, wie in Abbildung 5.3 dargestellt, monoton wachsend in n ist und strikt konkav verläuft. Es gilt somit

$$\frac{\partial \eta}{\partial n} > 0 \quad \text{und} \quad \frac{\partial^2 \eta}{\partial^2 n} < 0. \tag{5.43}$$

Die Höhe der aus Sicht des Prinzipalen optimalen Entlohnung v_1^* ist von η und somit von n abhängig. Es gilt

$$\frac{\partial v_1}{\partial n} = \frac{\partial v_1}{\partial \eta} \cdot \frac{\partial \eta}{\partial n} \tag{5.44}$$

und somit

$$\frac{\partial v_1}{\partial n} = \frac{2\eta\, r\, \sigma^2}{(\eta^2 + r\,\sigma^2)^2} \cdot \frac{k_1 \cdot k_2 \cdot b \cdot n^{-1-b}}{(k_1 + k_2\, n^{-b})^2}. \tag{5.45}$$

Da beide Faktoren positiv sind, gilt auch

$$\frac{\partial v_1}{\partial n} > 0. \tag{5.46}$$

Somit ist v_1^* strikt monoton wachsend in n. Ein erfahrener Agent erhält also, wie in Abbildung 5.6 zu erkennen ist, einen höheren Gewinnanteil als ein Ungeübter.

Da die Höhe des vom Agenten gewählten Arbeitseinsatzes $a^* = v_1 \cdot \eta$ direkt von v_1 und η abhängt, kann sein Verhalten bezüglich einer Veränderung von n basierend auf dem Verhalten beider Faktoren untersucht werden. Da

$$\frac{\partial a^*}{\partial n} = \frac{\partial v_1}{\partial n} \cdot \eta + \frac{\partial \eta}{\partial n} \cdot v_1 \tag{5.47}$$

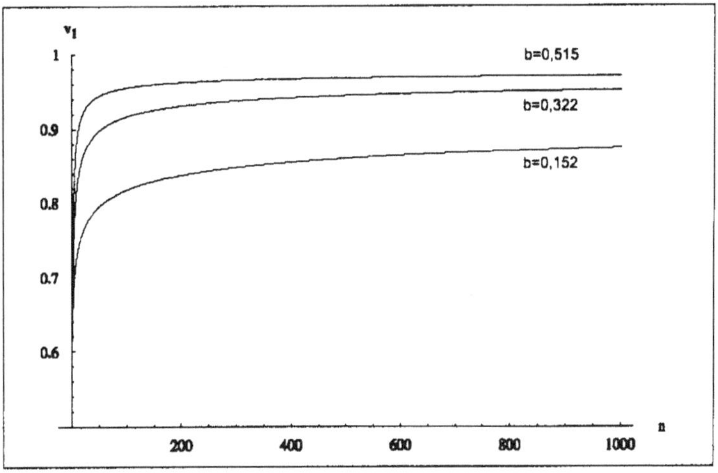

Abbildung 5.6: Die Höhe von v_1^* abhängig von der Höhe der Erfahrung n.

gilt, ist wegen

$$\frac{\partial v_1}{\partial n} > 0 \quad \text{und} \quad \frac{\partial \eta}{\partial n} > 0 \tag{5.48}$$

a^* strikt monoton wachsend in n. Somit wird durch die Höhe der Übung n auch der aus Sicht des Agenten optimale Arbeitseinsatz a^* positiv beeinflusst. Dies wird anhand von Beispielverläufen von a^* für unterschiedliche Ausprägungen von n in Abbildung 5.7 deutlich.

Die Ursache ist hier ebenso wie in der First-Best-Situation die Bestrebung des Agenten, einen Arbeitseinsatz a^* zu wählen, dessen Grenznutzen, den er aus der Entlohnung zieht, dem aus a^* resultierenden Arbeitsleid entspricht. Da hier der Arbeitseinsatz des Agenten nicht direkt beobachtet werden kann, erfolgt seine Entlohnung anhand des erzielten Ergebnisses x. Der Agent erhält davon nur einen Anteil $v_1 \cdot x$, seine erwartete Entlohnung lautet im Unterschied zum First-Best-Fall

$$E(v_1\, x + v_2) = v_1\, \eta\, a + v_2. \tag{5.49}$$

Eine zusätzlich zum Arbeitseinsatz a^* geleistete Anstrengung δ hätte zwar einen linearen Anstieg der erwarteten Entlohnung zur Folge, würde aber zu einem überproportionalen Anstieg des Arbeitsleids führen. Mit einer Erhöhung der Erfahrung n steigt die Grenzproduktivität $v_1\, \eta$ des Agenten. Dies führt durch seine Beteiligung am Ergebnis x zu einer Erhöhung der Entlohnung, ohne dass dafür ein zusätzlicher Arbeitseinsatz geleistet werden müsste.

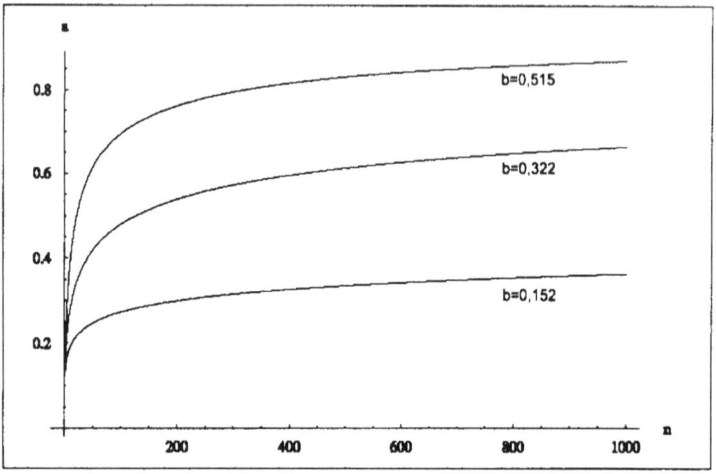

Abbildung 5.7: Die Höhe von a^* abhängig von der Höhe der Erfahrung n.

Die Eigenschaft von v_1^*, monoton steigend in der Höhe der bisher gesammelten Erfahrung n zu sein, ist dadurch bedingt, dass der Prinzipal die Beziehung $a^* = v_1 \cdot \eta$ in seine Optimierungsüberlegungen miteinbezieht. Zwar führt ein höherer Anteil am Ergebnis auch zu einem höheren Arbeitseinsatz a^*, dies muss jedoch wegen der Teilnahmebedingung des Agenten durch eine Kompensation des entstandenen Arbeitsleides und eine Erhöhung der Varianz der Entlohnung nicht zwangsläufig zu einer Erhöhung des erwarteten Gewinns π_{SB} führen.

Um die Auswirkung der Übung n auf die Höhe des Fixgehalts v_2 zu untersuchen, ist es sinnvoll, sich die drei Komponenten dieser Größe in Erinnerung zu rufen. Die Variable v_2^* enthält wegen

$$v_2^* = \overline{U}_A^S - \frac{\eta^6}{2(\eta^2 + r\sigma^2)^2} + \frac{\eta^4 r\sigma^2}{2(\eta^2 + r\sigma^2)^2} \tag{5.50}$$

den Reservationsnutzen $\overline{U}_A^S$ des Agenten. Dieser ist unabhängig von n. Der zweite Summand stellt die erwartete variable Vergütung $v_1^* \cdot \eta \cdot a^*$ abzüglich des vom Agenten empfundenen Arbeitsleides dar, während der dritte Summand die dem Agenten zu zahlende Risikoprämie RP, also den Disnutzen, den der Agent durch die Übernahme von Risiko empfindet, beschreibt.

Wegen

$$\frac{\partial\left(v_1^* a^* \eta - \frac{(a^*)^2}{2}\right)}{\partial n} = \frac{2\eta^7 + 6\eta^5 r\,\sigma^2}{(\eta^2 + r\,\sigma^2)^2} \cdot \frac{\partial \eta}{\partial n} \tag{5.51}$$

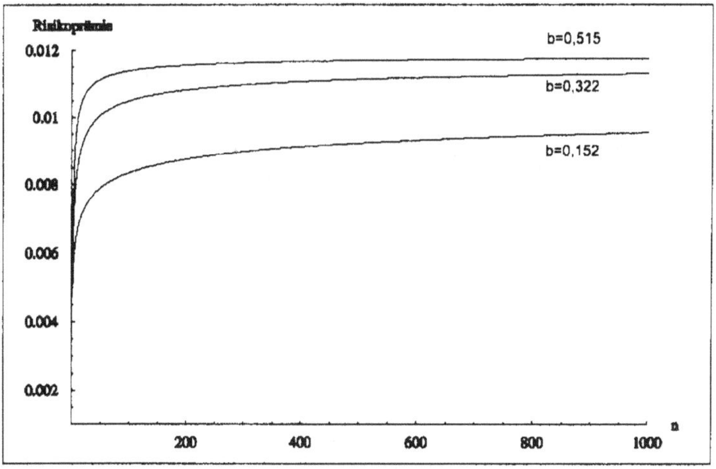

Abbildung 5.8: Die Höhe der Risikoprämie abhängig von der Höhe der Erfahrung n.

wirkt sich ein Ansteigen dieser Vergütung zunächst negativ auf die Höhe der fixen Entlohnung aus. Unmittelbar führt ein Anstieg der variablen Vergütung so zu einem Absinken des Fixgehalts. Auf Grund der unsicheren Höhe des Überschusses x und damit auch der Unsicherheit über die Höhe von $v_1 \cdot x$ existiert jedoch auch ein mittelbarer Effekt über die Höhe der zu zahlenden Risikoprämie RP. Da

$$\frac{\partial RP}{\partial n} = \frac{1}{2} \cdot \left(\frac{4\eta^3 r^2 \sigma^4}{(\eta^2 + r\sigma^2)^3} \right) \cdot \frac{\partial \eta}{\partial n} \tag{5.52}$$

gilt, ist die Höhe der zu zahlenden Risikoprämie monoton wachsend in n. Dies wird in Abbildung 5.8 deutlich. Aussagen über das Monotonieverhalten von v_2^* sind deshalb nur in Abhängigkeit von den Parametern η, r und σ^2 zu treffen. Wegen

$$\frac{\partial v_2^*}{\partial n} = -\frac{\partial v_1^* a^* \eta}{\partial n} + \frac{\partial RP}{\partial n} \tag{5.53}$$

ist v_2^* genau dann monoton fallend in n, wenn

$$2\eta^7 + 6\eta^5 r \sigma^2 > 4\eta^3 r^2 \sigma^4 \tag{5.54}$$

erfüllt ist. Diese Ungleichung ist tendenziell eher für weniger risikoaverse Agenten (kleines r) und für Ergebnisse x erfüllt, deren Eintreten einer kleineren Streuung σ^2 unterliegt. Die Höhe von η hat ebenfalls einen Einfluss auf das Monotonieverhalten. Je höher η ist, desto eher ist v_2^* monoton fallend. Das Verhalten von v_2^* wird in Abbildung 5.9 verdeutlicht und

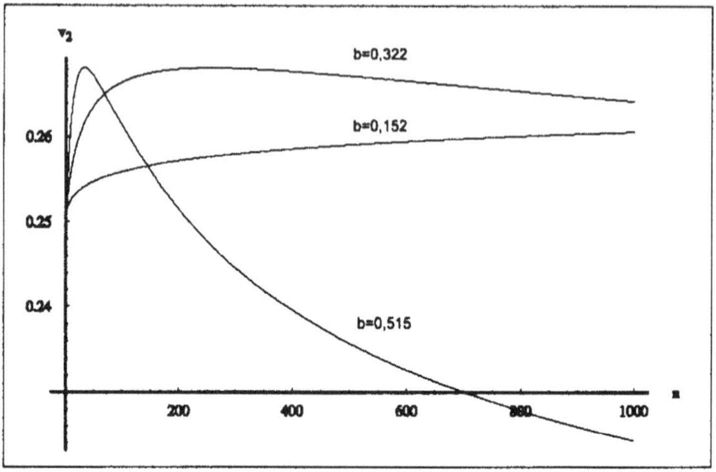

Abbildung 5.9: Die Höhe von v_2^* abhängig von der Höhe der Erfahrung n ($r = 0,8$, $\sigma^2 = 0,8$).

zeigt, dass sich keine allgemeinen Monotonieaussagen über das Verhalten von v_2^* treffen lassen. Dabei ist es durchaus möglich, dass $v_2^* < 0$ gilt. Ein solches negatives Fixgehalt ist häufig in Franchise-Beziehungen anzutreffen.

Weiter kann der Einfluss von n auf den Gewinn des Prinzipalen untersucht werden. Dieser ergibt sich als Ergebnis x abzüglich der an den Agenten gezahlten Entlohnung. Auf Grund der Gültigkeit von Gleichung (5.42) kann das Monotonieverhalten bezüglich n mittels

$$\begin{aligned} \frac{\partial \pi_{SB}}{\partial n} &= \frac{\partial \pi_{SB}}{\partial \eta} \cdot \frac{\partial \eta}{\partial n} \\ &= \frac{4\eta^3 r \sigma^2 + 2\eta^5}{2(\eta^2 + r \sigma^2)^2} \cdot \frac{\partial \eta}{\partial n} \end{aligned} \tag{5.55}$$

dargestellt werden. Auf Grund der Beziehung

$$\frac{4\eta^3 r^2 \sigma^4 + 2\eta^7 + 6\,\eta^5 r \sigma^2}{2(\eta^2 + r \sigma^2)^3} > 0 \quad \text{und} \quad \frac{\partial \eta}{\partial n} > 0 \tag{5.56}$$

ist der Gewinn in der Second-Best-Situation monoton wachsend in n. Somit kann festgestellt werden, dass aus Sicht des Prinzipalen eine Erhöhung der Erfahrung positiv ist. Dies wird in Abbildung 5.10 mit der Darstellung beispielhafter Gewinnverläufe in Abhängigkeit der bisherigen Erfahrung n deutlich.

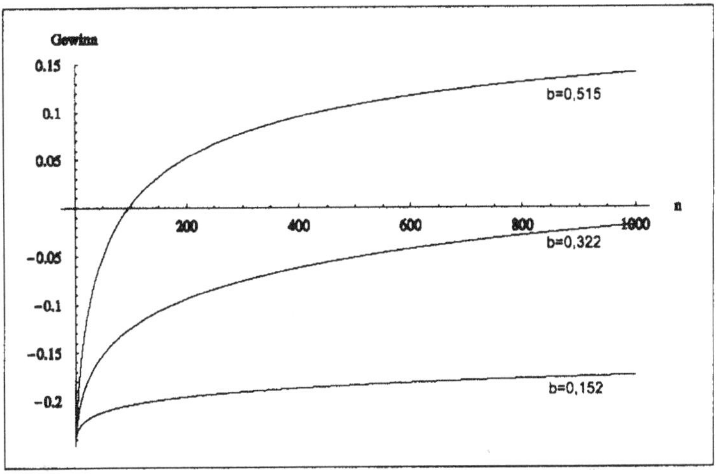

Abbildung 5.10: Die Höhe von π_{SB} abhängig von der Höhe der Erfahrung n.

5.2.2.2 *Abhängigkeit des Optimums von der Höhe der Risikoeinstellung des Agenten und der Varianz des Ergebnisses*

Anders als im First-Best-Fall wird durch Gleichung (5.37) ein Zusammenhang zwischen der Höhe der variablen Entlohnung und der Risikoaversion des Agenten beziehungsweise der Streuung des Ergebnisses x hergestellt. Da

$$\frac{\partial v_1^*}{\partial r} < 0 \quad \text{und} \quad \frac{\partial v_1^*}{\partial \sigma^2} < 0 \tag{5.57}$$

gilt, haben beide Parameter einen negativen Einfluss. Dies ist mit der Risikoallokation zwischen beiden Parteien zu erklären. Ein Agent mit einer vergleichsweise hohen Risikoaversion wird weniger bereit sein, seinen Arbeitseinsatz für eine unsichere Entlohnung zu leisten. Dementsprechend werden Agenten mit einer eher hohen Risikoneigung stärker am Ergebnis x beteiligt. Dies wird in Abbildung 5.11 deutlich.
Ähnlich kann der Einfluss des Parameters σ^2 erklärt werden. Dessen Erhöhung bewirkt eine verstärkte Unsicherheit über die Höhe der zu zahlenden variablen Vergütung $v_1 \cdot x$ und bedeutet damit ein höheres Risiko für den Agenten. Da der Prinzipal risikoneutral ist, wird er bei hohen Ausprägungen von σ^2 verstärkt Risiko übernehmen und den Parameter v_1 verringern.

Der Einfluss der Bereitschaft des Agenten, Risiko zu übernehmen, hat, wie in Abbildung 5.12 ersichtlich, ebenso einen mittelbaren Einfluss auf die Höhe seines Arbeitseinsatzes

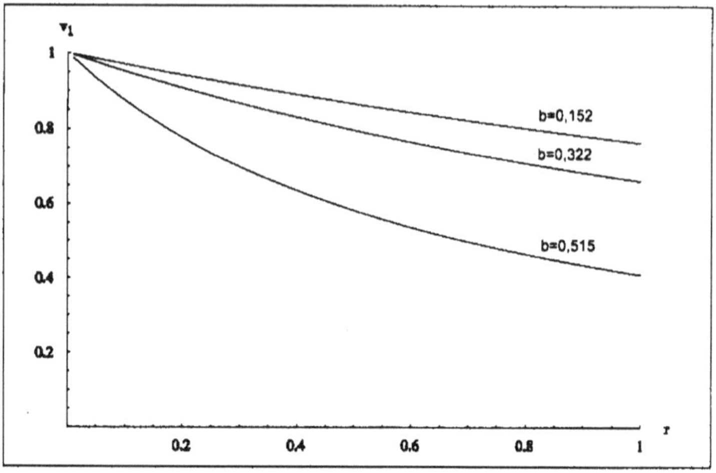

Abbildung 5.11: Die Höhe von v_1^* abhängig von r.

a^*. Zwar hängt $a^* = \eta \cdot v_1^*$ nicht direkt von r und σ^2 ab, über den Einfluss der Variablen v_1^* ist aber auch der optimale Arbeitseinsatz monoton fallend in r und σ^2. Dies ist einzig auf das Monotonieverhalten von v_1^* zurückzuführen.

Die Höhe des Fixgehalts v_2^* dagegen ist sowohl unmittelbar als auch mittelbar über die Höhe des Parameters v_1^* von r und σ^2 abhängig. Wird v_2^* wie in Gleichung (5.50) beschrieben als Reservationsnutzen abzüglich der gezahlten Risikoprämie aufgefasst, so wird dieser Einfluss besonders deutlich.

Die Risikoprämie beschreibt den Teil der Entlohnung des Agenten, der an diesen gezahlt wird, weil er einen Anteil an der Unsicherheit von x trägt. Auch die Risikoprämie ist direkt und indirekt über die Höhe von v_1^* von r und σ^2 abhängig. Wegen

$$\frac{\partial RP}{\partial r} = \frac{\eta^4 \sigma^2 (\eta^2 - r\,\sigma^2)}{2(\eta^2 + r\,\sigma^2)^3} \tag{5.58}$$

und

$$\frac{\partial RP}{\partial \sigma^2} = \frac{\eta^4 r (\eta^2 - r\,\sigma^2)}{2(\eta^2 + r\,\sigma^2)^3} \tag{5.59}$$

ist ihr Monotonieverhalten von der Höhe der Parameter η, r und σ^2 abhängig und lässt sich nicht allgemein beurteilen. So ist für sehr kleine Werte von r und σ^2 die Risikoprämie steigend in beiden Parametern, für hohe Werte jedoch fallend. Dies resultiert aus dem Einfluss von r und σ^2 auf den Parameter der variablen Vergütung v_1^* und dessen Verringerung bei wachsendem r beziehungsweise σ^2.

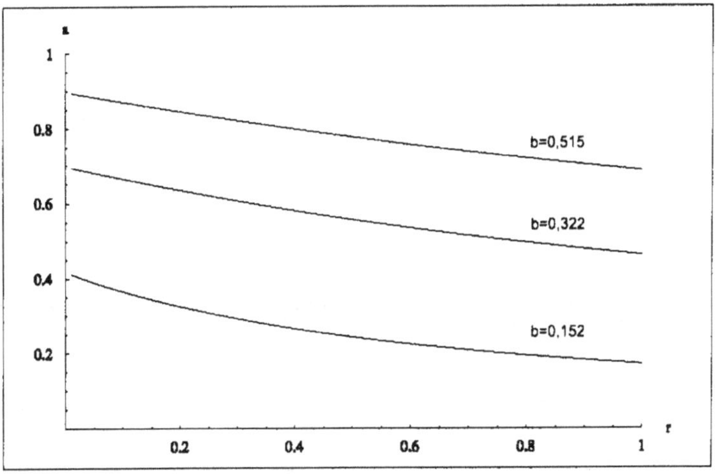

Abbildung 5.12: Die Höhe von a^* abhängig von r.

Die zweite Komponente des Fixgehalts,

$$-\frac{(v_1^*)^2}{2} \cdot \eta^2, \tag{5.60}$$

ist wegen der Monotonieeigenschaften von v_1^* und der Tatsache, dass $v_1^* > 0$ gilt, strikt monoton wachsend in r und σ^2. Über das Monotonieverhalten von v_2^* lässt sich wegen

$$\frac{\partial v_2^*}{\partial r} = \frac{3\eta^6\,\sigma^2 - \eta^4\,r\,\sigma^4}{2(\eta^2 + r\,\sigma^2)^3} \tag{5.61}$$

und

$$\frac{\partial v_2^*}{\partial \sigma^2} = \frac{3\eta^6\,r - \eta^4\,r^2\,\sigma^2}{2(\eta^2 + r\,\sigma^2)^3} \tag{5.62}$$

keine abschließende Aussage treffen. Dieses ist, wie in Abbildung 5.13 dargestellt, von der Wahl der Parameter abhängig.

Der optimale erwartete Gewinn π_{SB} der Second-Best-Situation ist wegen

$$\frac{\partial \pi_{SB}}{\partial r} < 0 \quad \text{und} \quad \frac{\partial \pi_{SB}}{\partial \sigma^2} < 0 \tag{5.63}$$

strikt monoton fallend in beiden Parametern. Ein Agent mit einem hohen Risikoaversionsparameter beziehungsweise mit hoher Unsicherheit verbundene Vertragsbeziehungen wirken sich gewinnschmälernd aus. Da π_{SB} auch negative Werte annehmen kann, ist die Vertragssituation für den Prinzipalen, wie in Abbildung 5.14 ersichtlich, unter ungünstigen

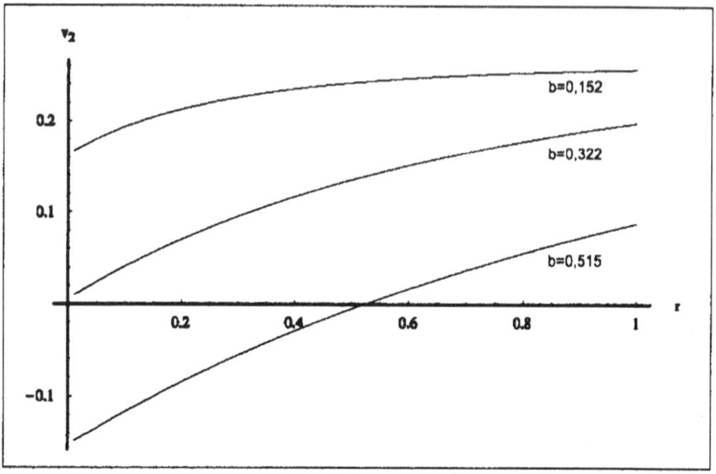

Abbildung 5.13: Die Höhe von v_2^* abhängig von r.

Parameterkonstellationen nicht notwendigerweise gewinnbringend.

5.2.2.3 Abhängigkeit der Ergebnisse von der Höhe des Reservationsnutzens

Wie schon in der First-Best-Situation beobachtet, besteht kein Zusammenhang zwischen der Höhe des Reservationsnutzens und dem optimalen Arbeitseinsatz beziehungsweise der optimalen variablen Vergütung. Der vom Agenten gewünschte Mindestnutzen geht einzig in v_2^* wegen

$$\frac{\partial v_2^*}{\partial \overline{U}_A^S} = 1 \tag{5.64}$$

linear ein. Da $\overline{U}_A^S$ ebenso im erwarteten Gewinn auf Grund von

$$\frac{\partial \pi_{SB}}{\partial \overline{U}_A^S} = -1 \tag{5.65}$$

linear enthalten ist, ist auch hier der erwartete Surplus unabhängig von der Höhe des Reservationsnutzens.

5.2.3 Vergleich der First-Best-Situation mit der Second-Best-Situation

Im Folgenden soll untersucht werden, wie sich der Wechsel vom First-Best-Fall zum Second-Best-Fall auf die Ergebnisse beider Vertragsparteien auswirkt. Zunächst kann festgestellt werden, dass sich die Parameter a^*, v_1^* und v_2^* in beiden Situationen grundlegend

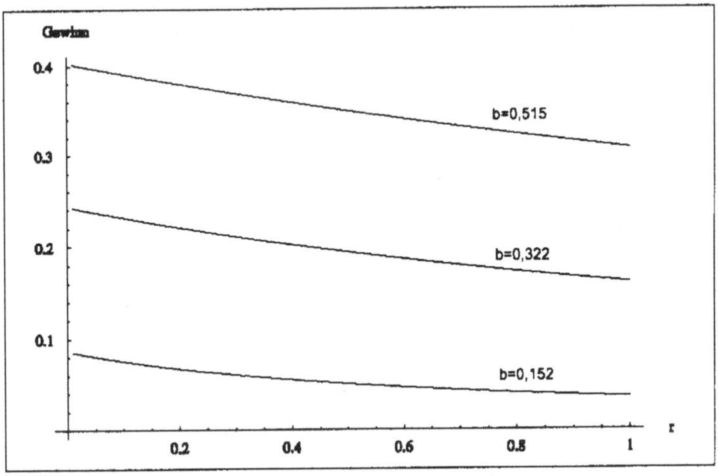

Abbildung 5.14: Die Höhe von π_{SB} abhängig von r.

unterscheiden. Dies ist auf den Umstand zurückzuführen, dass der Agent im First-Best-Fall anhand seines Arbeitseinsatzes, im Second-Best-Fall dagegen anhand des Ergebnisses x entlohnt wird. In beiden Situationen erzielt er nur seinen Reservationsnutzen $\overline{U}_A^S$, jedoch ist die Entlohnung in der Second-Best-Situation auf Grund der zu zahlenden Risikoprämie höher.

Für den Prinzipalen ist auf Grund der Beziehung

$$\begin{aligned} \pi_{FB} - \pi_{SB} &= \frac{\eta^2}{2} - \frac{\eta^4 r \sigma^2 + \eta^6}{2(\eta^2 + r \sigma^2)^2} \\ &= \frac{\eta^2 r \sigma^2}{2(\eta^2 + r \sigma^2)} \end{aligned} \tag{5.66}$$

die Second-Best-Situation für r und $\sigma^2 > 0$ stets mit Einbußen des erwarteten Gewinns verbunden. Diese Differenz ist monoton wachsend in r, σ^2 und η. Die Höhe der Differenz der erwarteten Gewinne im First- und Second-Best-Fall wird in Abbildung 5.15 beispielhaft dargestellt.

Insgesamt kann festgestellt werden, dass sich im LEN-Modell die optimalen Entlohnungen für erfahrene und unerfahrene Agenten unterscheiden. Aus Sicht des Prinzipalen ist es sinnvoll, den Grad der Übung des Agenten in seine Optimierungsüberlegungen einzubeziehen. Da er, wie gezeigt, mit erfahreneren Agenten einen höheren erwarteten Gewinn erzielen kann, stellt sich die Frage, wie mehrperiodige Vertragsbeziehungen unter Ein-

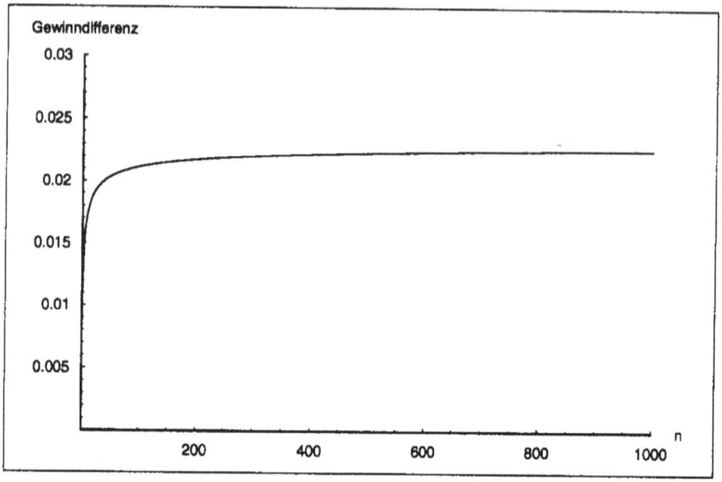

Abbildung 5.15: Die Höhe der Gewinndifferenz $\pi_{FB} - \pi_{SB}$ abhängig von n.

beziehung von Übungseffekten gestaltet werden können. Die Integration von Erfahrung scheint hier sinnvoll, da das frühzeitige Forcieren zusätzlicher Übung in Laufe der Vertragsbeziehung zu Mehrgewinnen in den Folgeperioden führen kann.

6 Modellierung einer zweiperiodigen Prinzipal-Agent-Beziehung

Im Folgenden soll untersucht werden, ob sich bei der Modellierung einer zweiperiodigen Vertragsbeziehung zwischen einem Prinzipalen und einem Agenten durch die Berücksichtigung von Übungseffekten Unterschiede in der Vertragsgestaltung zu dem eben diskutierten statischen Modell ergeben. So wäre es zum Einen vorstellbar, dass ein langfristig orientierter Agent in der ersten Periode bewusst einen höheren Arbeitseinsatz wählt, um dadurch seinen Nutzen in der zweiten Vertragsperiode zu steigern. Der Prinzipal könnte dies durch eine höhere variable Vergütung in der ersten Periode mit dem Ziel forcieren, den erwarteten Gewinn der zweiten Periode auf diese Weise zu steigern. Zum Anderen wäre es ebenso möglich, dass der Agent in der ersten Periode Leistung zurück hält, um in der zweiten Vertragsperiode weniger Arbeitsleid ertragen zu müssen. Um diese Fragen zu klären, wird zunächst ein zweiperiodiges LEN-Modell aufgebaut, um dann mit Hilfe der diskreten dynamischen Optimierung das Verhalten der optimalen Parameterwerte erklären zu können.

6.1 Aufbau des Modells

Zur Modellierung der vertraglichen Beziehung zwischen Prinzipal und Agent wird in Anlehnung an *Indjejikian* und *Nanda* ein zweiperodiges LEN-Modell gewählt. Der Prinzipal habe die Zeitpräferenz i_P, der Agent i_A.[1] Die Auswahl dieses Ansatzes erfolgt auf Grund der relativ breiten Akzeptanz des einperiodigen LEN-Modells und der Tatsache, dass *Indjejikian* und *Nanda* dieses weitestgehend akzeptierte Modell erfolgreich auf den Zweiperiodenfall erweitern.

Beide Parteien gehen dabei in $t = 0$ eine vertragliche Beziehung ein und legen die an den Agenten zu zahlenden Gewinnanteile beider Perioden $v_{1,1}$ sowie $v_{1,2}$ und die jeweiligen Fixgehälter $v_{2,1}$ beziehungsweise $v_{2,2}$ fest. Anschließend wählt der Agent seinen Arbeitseinsatz

[1] Die Zeitpräferenzen sind nicht als Zinssätze eine Kapitalmarktes aufzufassen. Eine solche Gleichsetzung würde die Nutzung eines mehrperiodigen Sicherheitsäquivalents stark erschweren. Dies wird u. a. ausführlich in Kürsten (2002), Dietrich (2003) und Wiese (2003) diskutiert.

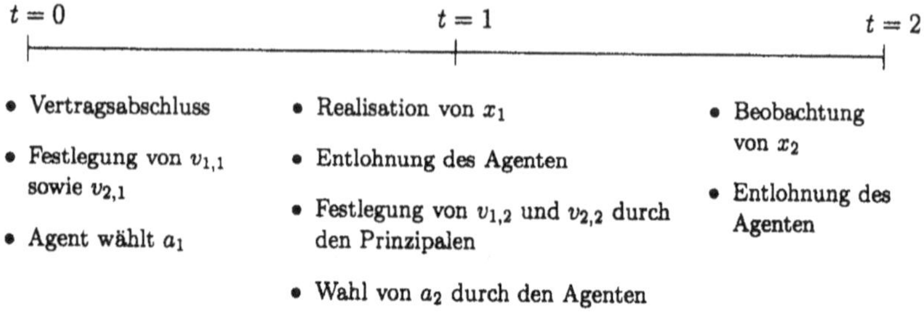

Abbildung 6.1: Entscheidungsablauf im zweiperiodigen Modell

der ersten Periode a_1. Beide Parteien beobachten in $t = 1$ das Ergebnis

$$x_1 = \eta_1 \cdot a_1 + \varepsilon_1. \tag{6.1}$$

Der Parameter η_1 beschreibt dabei in Anlehnung an die Ausführungen zum statisch-komparativen LEN-Modell[2] die Grenzproduktivität des Agenten

$$\eta_1 = \frac{k_1}{k_1 + k_2\, n_0^{-b}} \tag{6.2}$$

zum Zeitpunkt $t = 0$.
In $t = 1$ erhält der Agent die Entlohnung $v_{1,1}\, x_1 + v_{2,1}$ und wählt einen Arbeitseinsatz der zweiten Periode a_2. Im Zeitpunkt $t = 2$ wird das Ergebnis

$$x_2 = \eta_2 \cdot a_2 + \varepsilon_2 \tag{6.3}$$

mit

$$\eta_2 = \frac{k_1}{k_1 + k_2\, n_1^{-b}} \tag{6.4}$$

realisiert. Der Entscheidungsablauf beider Parteien dieses Modells wird in Abbildung 6.1 dargestellt. Der Parameter η_2 ergibt sich aus der zu Beginn der vertraglichen Beziehung in $t = 0$ vorliegenden Erfahrung n_0 und der während der ersten Periode gesammelten zusätzlichen Erfahrung. Bei einer Arbeitszeit von d_{max} ist es für einen sehr geübten Agenten mit $n \rightarrow \infty$ maximal möglich, $\frac{d_{max}}{k_1}$ Mengeneinheiten herzustellen, wenn er dazu einen Arbeitseinsatz von $a_1 = 1$ wählt. Die von einem Agenten mit der Grenzproduktivität η_1

[2] Vgl. Kapitel 5.

und dem Arbeitseinsatz a_1 gesammelte zusätzliche Erfahrung kann approximativ durch

$$n_1 = \eta_1 \cdot a_1 \cdot \frac{d_{max}}{k_1} \tag{6.5}$$

angegeben werden, wenn angenommen wird, dass die Länge d_{max} der betrachteten Periode hinreichend klein ist.
Somit gilt

$$\eta_2 = \frac{k_1}{k_1 + k_2 \cdot \left(n_0 + \eta_1 \, a_1 \, \frac{d_{max}}{k_1}\right)^{-b}} \tag{6.6}$$

für die Grenzproduktivität der zweiten Periode. Zwar ändern sich die Parameter η_1 und η_2 durch die Aufgabenbearbeitung des Agenten bereits während der Perioden $t = 1$ und $t = 2$, in diesem Modell sollen sie jedoch als während des jeweiligen Bezugsrahmens konstant angesehen werden. Eine zeitstetige Betrachtung wird im nächsten Kapitel[3] erfolgen.

Die Zufallsvariablen ε_1 und ε_2 werden als unabhängig und normalverteilt angesehen. Beide genügen der gleichen Verteilung und besitzen einen Erwartungswert von null und eine Varianz von σ_t^2.

Der Reservationsnutzen des Agenten wird analog zu den Ansätzen nach *Dietrich*[4] und *Holmstrøm*[5] mit $\overline{U}_A^S = 0$ festgesetzt. Dies beeinflusst die grundsätzliche Struktur der Lösung nicht, da *Grossman* und *Hart*[6] zeigen, dass sich die Höhe des Reservationsnutzens lediglich linear auf die Höhe des erwarteten Überschusses auswirkt. Ein Einfluss von $\overline{U}_A^S$ auf $a^* = (a_1^*, a_2^*)$ beziehungsweise $v_1^* = (v_1^{1^*}, v_2^{1^*})$ besteht nicht. Weiter wird angenommen, dass der Reservationsnutzen des Agenten in jeder Periode realisiert werden soll.

Der hier zu Grunde gelegte Ansatz zur Optimierung einer zweiperiodigen Prinzipal-Agent-Beziehung folgt im Wesentlichen dem Optimierungsproblem nach *Indjejikian* und *Nanda*. Danach exisitieren für beide Parteien Zeitpräferenzen von i_P und i_A, mit denen die Nutzen der einzelnen Perioden diskontiert werden. Auf Grund der Risikoneutralität des Prinzipalen maximiert dieser

$$\sum_{t=1}^{2} \frac{1}{(1+i_P)^{t-1}} \cdot E(x_t - s_t(x_t)) \tag{6.7}$$

3 Vgl. Kapitel 7.
4 Vgl. Dietrich (2003).
5 Vgl. Holmstrøm (1999).
6 Vgl. Grossman und Hart (1983).

unter den Nebenbedingungen

$$a^* \in \arg\max_a \sum_{t=1}^{2} \frac{1}{(1+i_A)^{t-1}} U_A(a_t, s_t(x(a_t, \varepsilon_t))) \tag{6.8}$$

$$\exists\, a_t : \frac{1}{(1+i_A)^{t-1}} U_A(a_t, s_t(x(a_t, \varepsilon_t))) \geq 0 \quad t = 1, 2.$$

Dabei beschreibt die erste Bedingung erneut, dass der Agent denjenigen Arbeitseinsatz wählt, welcher die Summe der Barwerte der Nutzen über beide Perioden maximiert. Er wählt somit zu Beginn der Periode $t = 1$ einen Arbeitseinsatz $a^* = (a_1^*, a_2^*)$ für beide Perioden. Die zweite Nebenbedingung beinhaltet, dass der Agent in jeder Periode mindestens seinen Reservationsnutzen erzielen kann. Die Nutzenfunktion U_A des Agenten sei auch hier eine von-Neumann-Morgenstern-Nutzenfunktion mit

$$U_A(a_t, s_t(x(a_t, \varepsilon_t))) = -e^{-r\cdot(s_t(x(a_t,\varepsilon_t)) - \frac{a_t^2}{2})}. \tag{6.9}$$

Wird unterstellt, dass der Agent seinen Nutzen mit Hilfe eines mehrperiodigen Sicherheitsäquivalents[7] maximiert, so ist die Anreizkompatibilitätsbedingung (6.8) unter Einbeziehung der Gleichung (6.9) äquivalent zu

$$\begin{aligned} a^* \in \; & \arg\max_a \Bigg[s_1(x_1) - \frac{a_1^2}{2} - \frac{r}{2} Var(s_1(x_2)) \\ & + \left(\frac{1}{1+i_A}\right) \cdot \left(s_2(x_2) - \frac{a_2^2}{2} - \frac{r}{2} Var(s_2(x_2)) \right) \Bigg] \end{aligned} \tag{6.10}$$

und kann mittels dieser Beziehung gelöst werden.

6.2 Lösung des Optimierungsproblems

Die Optimierungsprobleme von Prinzipal und Agent sind in die Klasse der diskreten dynamischen Probleme einzuordnen und können rekursiv gelöst werden. Dabei wird so vorgegangen, dass zunächst für beide Parteien Optimalitätsüberlegungen für $t = 2$ getroffen werden. Es wird in diesem Stadium der Optimierung davon ausgegangen, dass die Parameter $v_{1,1}$, $v_{2,1}$ und a_1 bereits festliegen. Bei Vorliegen dieser Parameterkonstellation in $t = 1$ werden optimale Werte $v_{1,2}^*$, $v_{2,2}^*$ und a_2^* gesucht. Diese können in der Regel nur in Abhängigkeit von den in der ersten Periode gewählten Größen angegeben werden.

---

[7] Zur Bildung des einperiodigen Sicherheitsäquivalents vergleiche Gleichung (5.30).

Um deren optimale Höhe zu bestimmen, wird anschließend das Optimierungsproblem für beide Parteien in $t = 1$ unter Einbeziehung von $v_{1,2}^*$, $v_{2,2}^*$ und a_2^* gelöst.[8]

6.2.1 Lösung des Optimierungsproblems für die zweite Periode

Im Zeitpunkt $t = 1$ hat der Agent während der ersten Periode die zusätzliche Erfahrung $n_1 = a_1 \cdot \eta_1 \cdot \frac{d_{max}}{k_1}$ erworben und verfügt somit über die Grenzproduktivität η_2. Er wählt bei vom Prinzipalen vorgegebenen Entlohnungsparametern $v_{1,2}$ und $v_{2,2}$ seinen optimalen Arbeitseinsatz der zweiten Periode a_2^*. Der Prinzipal antizipiert dies bei seiner Wahl von $v_{1,2}$ sowie $v_{2,2}$ und optimiert

$$\max_{s_2(x(a_2,\varepsilon_2)),a_2} E(x(a_2,\varepsilon_2) - s_2(x_2(a_2,\varepsilon_2))) \tag{6.11}$$

unter den Nebenbedingungen

$$\begin{aligned} a_2^* &\in \arg\max_{a_2} U_A(a_2, s_2(x_2(a_2,\varepsilon_2))) \\ \exists\, a_2 &: U_{A,2}^S(a_2, s_2(x_2(a_2,\varepsilon_2))) \geq 0 \end{aligned}$$

in der zweiten Periode. Die in der ersten Periode realisierten Größen a_1, $v_{1,1}$, $v_{2,1}$ und η_1 werden als gegeben angesehen und gehen somit nur als feste Parameter in die Optimierung ein.

Zur Lösung des Optimierungsproblems wird analog zu Kapitel 5 vorgegangen. Zunächst soll der aus Sicht des Agenten optimale Arbeitseinsatz a_2^* bestimmt werden. Dieser maximiert sein Sicherheitsäquivalent des Nutzens der zweiten Periode

$$U_{A,2}^S(a_2, s_2(x_2(a_2,\varepsilon_2))) = U_{A,2}^S = v_{1,2}\, a_2\, \eta_2 + v_{2,2} - \frac{a_2^2}{2} - \frac{r}{2}\sigma_2^2\, v_{1,2}^2. \tag{6.12}$$

Analog zum einperiodigen Modell wird der optimale Arbeitseinsatz durch

$$\frac{\partial U_{A,2}^S}{\partial a_2} = v_{1,2} \cdot \eta_2 - a_2^* \overset{!}{=} 0 \tag{6.13}$$

mit $a_2^* = v_{1,2} \cdot \eta_2$ bestimmt. Wegen der Konkavität des Sicherheitsäquivalents[9] in a_2 ist dies auch ein globales Optimum.

Der hier gefundene optimale Arbeitseinsatz der zweiten Vertragsperiode besitzt die glei-

---

8 Vgl. zu diesem Vorgehen insbesondere Bellmann (1967) und für Anwendungen in der Prinzipal-Agent-Theorie u. a. Litwack (1993), Laffont und Tirole (1988) und Indjejikian und Nanda (1999).

9 Es gilt $\frac{\partial^2 U_{A,2}^S}{\partial a_2^2} = -1$.

che Struktur wie der optimale Arbeitseinsatz im einperiodigen LEN-Modell und ist unabhängig vom gezahlten Fixum. Eine Ursache ist darin zu sehen, dass der soeben ermittelte optimale Arbeitseinsatz nur den Nutzen einer Periode maximiert.

Mit Hilfe dieser Erkenntnis über den optimalen Arbeitseinsatz der zweiten Periode können $v_{1,2}^*$ und $v_{2,2}^*$ bestimmt werden. Wegen der Gültigkeit der Teilnahmebedingung

$$v_{1,2}\, a_2^*\, \eta_2 + v_{2,2} - \frac{a_2^{*2}}{2} - \frac{r}{2}\, \sigma_2^2\, v_{1,2}^2 = 0 \tag{6.14}$$

gilt

$$v_{2,2} = -\frac{v_{1,2}^2\, \eta_2^2}{2} + \frac{r}{2}\sigma_2^2\, v_{1,2}^2. \tag{6.15}$$

Der Prinzipal optimiert zu Beginn der zweiten Periode seinen erwarteten Gewinn in diesem Zeitraum

$$\pi_2 = \eta_2\, a_2^* - v_{1,2}\, \eta_2\, a_2^* - v_{2,2} \tag{6.16}$$

unter Berücksichtigung der Beziehungen (6.14) und (6.15). Es gilt also

$$\begin{aligned} \pi_2 &= v_{1,2}\, \eta_2^2 - v_{1,2}^2\, \eta_2^2 + \frac{v_{1,2}^2\, \eta_2^2}{2} - \frac{r}{2}\sigma_2^2\, v_{1,2}^2 \\ &= v_{1,2}\, \eta_2^2 - \frac{v_{1,2}^2\, \eta_2^2}{2} - \frac{r}{2}\sigma_2^2\, v_{1,2}^2. \end{aligned} \tag{6.17}$$

Wegen

$$\frac{\partial \pi_2}{\partial v_{1,2}} = \eta_2^2 - v_{1,2}\, \eta_2^2 - r\, \sigma_2^2\, v_{1,2} \stackrel{!}{=} 0 \tag{6.18}$$

wird in der zweiten Periode der maximale erwartete Gewinn bei

$$v_{1,2}^* = \frac{\eta_2^2}{\eta_2^2 + r\, \sigma_2^2} \tag{6.19}$$

erreicht. Dieser Wert ist wegen der Konkavität von π_2 ein globales Maximum. Auch hier ist die Struktur der optimalen Lösung analog zum einperiodigen Modell. Die Ursache ist wiederum in der einperiodigen Optimierung für die zweite Vertragsperiode zu sehen.

Um dem Agenten seinen Reservationsnutzen zu gewährleisten, muss der Prinzipal ein Fixgehalt von

$$v_{2,2}^* = -\frac{\eta_2^6 - \eta_2^4\, r\sigma_2^2}{2(\eta_2^2 + r\sigma_2^2)^2} \tag{6.20}$$

zahlen.

Die Grundstruktur des so gefundenen Optimums der zweiten Vertragsperiode ist analog zum in Kapitel 5 vorgestellten komparativ-statischen Modell. Dies resultiert daraus, dass in beiden Fällen über eine nur noch einmalig durchzuführende Tätigkeit optimiert wird. In beiden Modellen liegt der Parameter η beziehungsweise η_2 fest und bestimmt so die Höhe der zu optimierenden Größen.

Im Unterschied zum komparativ-statischen Modell hat hier der Prinzipal jedoch die Möglichkeit, η_2 durch die Wahl seines Entlohnungsschemas der ersten Periode zu beeinflussen. Dies wird durch

$$\eta_2 = \frac{k_1}{k_1 + k_2 \cdot (n_0 + a_1\,\eta_1\,\frac{d_{max}}{k_1})^{-b}} \tag{6.21}$$

deutlich. Je höher der vom Agenten gewählte Arbeitseinsatz der ersten Periode ist, desto größer ist seine im Zeitpunkt $t = 1$ vorhandene Erfahrung $n_1 = n_0 + a_1\,\eta_1\,\frac{d_{max}}{k_1}$. Da die Struktur der Lösung des Optimierungsproblems der zweiten Periode analog zu der des komparativ-statischen Modells ist, kann wie in Kapitel 5 gefolgert werden, dass eine höhere Erfahrung zu Beginn der zweiten Periode zu einem höheren erwarteten Gewinn führt. Somit besteht bezüglich der Wahl des optimalen Arbeitseinsatzes der ersten Periode ein unmittelbarer Einfluss auf die Höhe der optimalen Lösung der zweiten Periode. Im Folgenden soll deshalb die Struktur der optimalen Lösung für die erste Periode untersucht werden.

6.2.2 Lösung des Optimierungsproblems für die erste Periode

Zu Beginn der ersten Periode in $t = 0$ berücksichtigen beide Parteien, dass ihre Auswahl der Handlungsparameter Auswirkungen in $t = 2$ haben wird. Eine Optimierung erfolgt deshalb nicht nur über eine, sondern über beide Perioden. Das Optimierungsproblem des Prinzipalen lautet somit

$$\max_{s(x(a_t,\varepsilon_t)),a} E\left(\sum_{t=1}^{2} \frac{1}{(1+i_P)^{t-1}}(x(a_t,\varepsilon_t) - s_t(x(a_t,\varepsilon_t)))\right) \tag{6.22}$$

unter den Nebenbedingungen

$$a^* \in \arg\max_a \tag{6.23}$$

$$\left(\sum_{t=1}^{2} \frac{1}{(1+i_A)^{t-1}} \cdot \left(E(s_t(x(a_t,\varepsilon_t))) - \frac{a_t^2}{2} - \frac{r}{2} Var(s_t(x(a_t,\varepsilon_t)))\right)\right)$$

$$\exists a_t : E(s_t(x(a_t,\varepsilon_t))) - \frac{a_t^2}{2} - \frac{r}{2} Var(s_t(x(a_t,\varepsilon_t))) \geq 0 \quad \text{für} \quad t = 1,2 \tag{6.24}$$

sowie unter Berücksichtigung der Beziehungen

$$\eta_2 = \frac{k_1}{k_1 + k_2 \cdot (n + a_1\, \eta_1\, \frac{d_{max}}{k_1})^{-b}} \tag{6.25}$$

$$a_2 = v_{1,2} \cdot \eta_2 \tag{6.26}$$

$$v_{1,2} = \frac{\eta_2^2}{\eta_2^2 + r\,\sigma_2^2} \tag{6.27}$$

$$v_{2,2} = -\frac{\eta_2^6 - \eta_2^4 r \sigma_2^2}{2(\eta_2^2 + r\sigma_2^2)^2}\,. \tag{6.28}$$

Die Beziehung (6.24) stellt wiederum die Anreizkompatibilitätsbedingung des Agenten dar, Gleichung (6.24) berücksichtigt seine Teilnahmebedingung. Die Nebenbedingung (6.25) beschreibt die Höhe der Grenzproduktivität des Agenten in der zweiten Vertragsperiode in Abhängigkeit von der in der ersten Periode gesammelten Erfahrung. Die Beziehungen (6.26) bis (6.28) geben die im soeben dargestellten Abschnitt gewonnenen Erkenntnisse wieder.

Zunächst soll wiederum das Optimierungsproblem (6.24) des Agenten unter Einbeziehung der optimalen Parameterwerte für $t = 2$ gelöst werden. Dieser sucht einen optimalen Arbeitseinsatz a_1^*, der seinen individuellen Nutzen der Form

$$\begin{aligned} U_A^S &= v_{1,1}\, a_1\, \eta_1 + v_{2,1} - \frac{a_1^2}{2} - \frac{r}{2}\sigma_1^2 v_{1,1}^2 \\ &\quad + \left(\frac{1}{1+i_A}\right) \cdot \left(v_{1,2}\, a_2\, \eta_2 + v_{2,2} - \frac{a_2^2}{2} - \frac{r}{2}\sigma_2^2 v_{1,2}^2\right) \\ &= v_{1,1}\, a_1\, \eta_1 + v_{2,1} - \frac{a_1^2}{2} - \frac{r}{2}\sigma_1^2 v_{1,1}^2 + \left(\frac{1}{1+i_A}\right) \\ &\quad \cdot \left(\frac{\eta_2^6}{(\eta_2^2 + r\,\sigma_2^2)^2} - \frac{\eta_2^6 - \eta_2^4\, r\,\sigma_2^2}{2(\eta_2^2 + r\,\sigma_2^2)^2} - \frac{\eta_2^6}{2(\eta_2^2 + r\,\sigma_2^2)^2} - \frac{\eta_2^4\, r\,\sigma_2^2}{2(\eta_2^2 + r\,\sigma_2^2)^2}\right) \\ &= v_{1,1}\, a_1\, \eta_1 + v_{2,1} - \frac{a_1^2}{2} - \frac{r}{2}\sigma_1^2 v_{1,1}^2 \end{aligned} \tag{6.29}$$

maximiert. Dabei fällt auf, dass hier die für die zweite Periode gesetzten Parameter nicht mehr erscheinen. Ursache dafür ist die Entlohnung des Agenten in der zweiten Periode, die so erfolgt, dass dieser gerade einen Reservationsnutzen von Null erzielen kann. Sollte der Agent demnach seinen optimalen Arbeitseinsatz in $t = 1$ geleistet haben, wird der Prinzipal die Entlohnung der zweiten Periode auf eine Weise gestalten, dass der Agent gerade seinen Reservationsnutzen realisieren kann. Da somit der Nutzen des Agenten in der zweiten Periode eine feste Größe ist, ist er nicht unmittelbar von a_1 abhängig. Der Agent wählt somit einen Arbeitseinsatz a_1^*, der ausschliesslich seinen Nutzen der ersten

Periode maximiert. Dieser kann durch

$$\frac{\partial U_{A,1}^{S}}{\partial a_1} = v_{1,1}\,\eta_1 - a_1^* \stackrel{!}{=} 0 \tag{6.30}$$

mit $a_1^* = v_{1,1} \cdot \eta_1$ bestimmt werden und weist wiederum die Struktur des einperiodigen Modells auf. Da der Agent seinen Arbeitseinsatz ohne Berücksichtigung der Auswirkungen auf zukünftige Vertragsperioden wählt, ist es in diesem Modell unerheblich, wann der Prinzipal die Vergütungsparameter der zweiten Periode festlegt. Bei Unterstellung rationalen Verhaltens des Agenten ist der Prinzipal in der Lage, die Vergütungsparameter der zweiten Periode bereits zu Vertragsbeginn festzulegen.

Folglich wählt der Agent seinen Arbeitseinsatz a_1^* unabhängig von der damit verbundenen Verbesserung seiner Grenzproduktivität in der zweiten Periode. Ein kurzsichtiges Verhalten ist deshalb aus seiner Sicht optimal.

Mit dieser Information optimiert der Prinzipal sein Entscheidungsproblem der ersten Periode. Zunächst wird wiederum das zu zahlende Fixgehalt $v_{2,1}^*$ mittels der Teilnahmebedingung und unter Einbeziehung der Gleichung (6.30)

$$v_{1,1}\,a_1\,\eta_1 + v_{2,1} - \frac{a_1^2}{2} - \frac{r}{2}\,\sigma_1^2\,v_{1,1}^2 = 0 \tag{6.31}$$

durch

$$v_{2,1} = -\frac{v_{1,1}^2\,\eta_1^2}{2} + \frac{r}{2}\,\sigma_1^2\,v_{1,1}^2 \tag{6.32}$$

bestimmt. Unter Berücksichtigung dieser Beziehung lautet die Zielfunktion des Prinzipalen

$$\begin{aligned}\pi &= \eta_1^2\,v_{1,1} - \eta_1^2\,v_{1,1}^2 + \frac{\eta_1^2\,v_{1,1}^2}{2} - \frac{r}{2}\,\sigma_1^2\,v_{1,1}^2 + \frac{1}{1+i_P}\cdot\frac{\eta_2^6 + \eta_2^4\,r\,\sigma_2^2}{2(\eta_2^2 + r\,\sigma_2^2)^2} \\ &= \eta_1^2\,v_{1,1} - \frac{\eta_1^2\,v_{1,1}^2}{2} - \frac{r}{2}\,\sigma_1^2\,v_{1,1}^2 + \frac{1}{1+i_P}\cdot\frac{\eta_2^6 + \eta_2^4\,r\,\sigma_2^2}{2(\eta_2^2 + r\,\sigma_2^2)^2}.\end{aligned} \tag{6.33}$$

Im letzten Summanden ist wegen

$$\begin{aligned}\eta_2 &= \frac{k_1}{k_1 + k_2\left(a_1\,\eta_1\,\frac{d_{max}}{k_1} + n_0\right)^{-b}} \\ &= \frac{k_1}{k_1 + k_2\left(v_{1,1}\,\eta_1^2\,\frac{d_{max}}{k_1} + n_0\right)^{-b}}\end{aligned} \tag{6.34}$$

ebenfalls die Variable $v_{1,1}$ implizit enthalten. Die notwendige Bedingung für eine aus Sicht des Prinzipalen optimale Entlohnung kann mittels

$$\frac{\partial \pi}{\partial v_{1,1}} = \eta_1^2 - \eta_1^2 v_{1,1} - r\,\sigma_1^2 v_{1,1} + \frac{1}{1+i_P}\frac{\partial \pi_2}{\partial v_{1,1}} \stackrel{!}{=} 0 \tag{6.35}$$

gelöst werden. Da der Term

$$\begin{aligned}\frac{\partial \pi_2}{\partial v_{1,1}} &= \frac{\partial \pi_2}{\partial \eta_2}\cdot\frac{\partial \eta_2}{\partial v_{1,1}}\\ &= \frac{4\eta_2^3\,r\,\sigma_2^2 + 2\eta_2^5}{2(\eta_2^2 + r\,\sigma_2^2)^2}\cdot\frac{k_2 b\,\eta_1^2\,d_{max}\left(v_{1,1}\,\eta_1^2\,\frac{d_{max}}{k_1} + n_0\right)^{-b-1}}{\left(k_1 + k_2\left(v_{1,1}\,\eta_1^2\,\frac{d_{max}}{k_1} + n_0\right)^{-b}\right)^2}\end{aligned} \tag{6.36}$$

keine geschlossene Lösung der Beziehung (6.35) erlaubt, ist eine analytische Lösung des Optimierungsproblems aus Sicht des Prinzipalen nicht möglich. Aus (6.36) ist lediglich ersichtlich, dass wegen

$$\frac{\partial \pi_2}{\partial \eta_2} > 0 \quad \text{und} \quad \frac{\partial \eta_2}{\partial v_{1,1}} > 0 \tag{6.37}$$

der Überschuss der zweiten Periode monoton wachsend in $v_{1,1}$ ist. Demnach ist zu erwarten, dass die variable Entlohnung der ersten Periode im zweiperiodigen Modell höher ausfallen wird als im komparativ-statischen Ansatz. Da eine analytische Überprüfung dieser Hypothese nicht möglich ist, soll dies im Weiteren zumindest numerisch geschehen.

6.3 Numerische Lösung des Optimierungsproblems und Interpretation der Ergebnisse

Um eine numerische Lösung des Optimierungsproblems des Prinzipalen zu generieren, ist zunächst die Auswahl der zu Grunde zu legenden Startparameter nötig. Anhand verschiedener Parameterausprägungen wird das Verhalten der Lösung des Problems in den Beispielfällen beschrieben.

Der Rückgang der Arbeitszeit durch Übung bei Verdoppelung der Übungsdurchgänge wird in Anlehnung an *Yelle*[10] mit 30 % beziehungsweise mit 10 % angenommen ($b = 0,515$ und $b = 0,152$). Diese Parameterausprägungen werden gewählt, um das Verhalten der optimalen Lösung sowohl für geringe als auch für hohe Lernparameter untersuchen zu können. Da die Veränderung des Parameters η für eine geringe Anzahl an Übungsdurchläufen am größten ist, wird eine Anfangserfahrung von $n_0 = 10$, $n_0 = 20$, $n_0 = 30$, $n_0 = 40$

[10] Vgl. Yelle (1979), S. 303. Weiter konnten u. a. Wright (1936); Hirschmann (1964), S. 126 sowie Asher (1956) Lernparameter in diesem Bereich ermitteln.

und $n_0 = 50$ untersucht, um das Verhalten der optimalen Lösung bei Veränderung der Variablen n_0 zu beschreiben. Für höhere Werte von n_0 erfolgt nur noch eine marginale Veränderung von η. Aus diesem Grund sind dann auch keine gravierenden Einflüsse auf die optimale Lösung mehr zu erwarten.

Die Parameter k_1 und k_2 werden mit $k_1 = 5$ und $k_2 = 20$ festgelegt. Die Anzahl der pro Tag maximal durchführbaren Wiederholungen wird mit $d_{max} = 2$ und $d_{max} = 40$ zwischen einem niedrigen und einem hohen Wert variiert, um auch hier das Verhalten des Systems bei extremen Ausprägungen zu untersuchen.

Zusätzlich soll untersucht werden, welchen Einfluss die Risikoaversion des Agenten auf das Ergebnis hat. Es werden hier mit $r = 0,1$ und mit r=0,75 wiederum zwei extreme Ausprägungen untersucht. Die Varianz der Zufallsgrößen ε_t, $t = 1,2$, wird konstant bei $\sigma_1^2 = \sigma_2^2 = \sigma^2 = 0,25$ belassen, da diese in der Struktur der optimalen Lösung stets als Faktor des Produktes $r\,\sigma^2$ auftritt. Eine Änderung von σ^2 bei konstantem r hätte somit eine ähnliche Auswirkung wie die Änderung von r bei konstantem σ^2.

Der Reservationsnutzen des Agenten wird wie bereits in den Modellannahmen formuliert mit Null angenommen. Dies hat keinen unmittelbaren Einfluss auf die Struktur der Lösung[11], führt jedoch in der numerischen Lösung des Problems zu einem negativen Fixgehalt $v_{2,t}^*$. Sollte der Reservationsnutzen des Agenten größer als Null sein, so ist das zu zahlende Fixgehalt nicht zwangsläufig negativ. Die Zeitpräferenz i_A des Agenten ist, wie gezeigt, für die optimale Lösung unerheblich.

Die numerischen Lösungen des Optimierungsproblems wurden mit Hilfe des Programms *Mathematica 4.1* generiert[12] und liegen für folgende Parameterkonstellationen vor:

Die Tabellen enthalten die jeweils optimalen optimalen Lösungen aus Sicht von Prin-

		b	k_1	k_2	d_{max}	i_p	r	σ^2
Fall 1	Tabelle 6.1	0,152	5	20	2	0,1	0,1	0,25
Fall 2	Tabelle 6.2	0,152	5	20	40	0,1	0,1	0,25
Fall 3	Tabelle 6.3	0,515	5	20	2	0,1	0,1	0,25
Fall 4	Tabelle 6.4	0,515	5	20	40	0,1	0,1	0,25
Fall 5	Tabelle 6.5	0,515	5	20	40	0,1	0,75	0,25
Fall 6	Tabelle 6.6	0,515	5	20	40	0,25	0,75	0,25
Fall 7	Tabelle 6.7	0,515	5	20	40	0	0,75	0,25

zipal und Agent für die untersuchten Parameterkonstellationen.

11 Vgl. Kapitel 4 und Grossman und Hart (1983).

12 Vgl. Anhang B.

	$n_0 = 10$	$n_0 = 20$	$n_0 = 30$	$n_0 = 40$	$n_0 = 50$
$v_{1,1}$	0,733019	0,761878	0,777386	0,787786	0,795517
a_1	0,191951	0,215408	0,229638	0,239944	0,248051
$v_{2,1}$	-0,011706	-0,015945	-0,018813	-0,021029	-0,02285
$v_{1,2}$	0,732917	0,761813	0,777335	0,787745	0,795482
a_2	0,191968	0,215419	0,229645	0,239950	0,248056
$v_{2,2}$	-0,011711	-0,015948	-0,018815	-0,021031	-0,022856
π	0,047981	0,058135	0,064751	0,069760	0,073829

Tabelle 6.1: Optimale Lösung aus Sicht des Prinzipalen für Fall 1.

	$n_0 = 10$	$n_0 = 20$	$n_0 = 30$	$n_0 = 40$	$n_0 = 50$
$v_{1,1}$	0,736519	0,763998	0,778951	0,789045	0,796577
a_1	0,192868	0,216008	0,230100	0,240327	0,248381
$v_{2,1}$	-0,011818	-0,016034	-0,018889	-0,021096	-0,022915
$v_{1,2}$	0,734564	0,762718	0,777967	0,788233	0,79588
a_2	0,193212	0,216214	0,230252	0,240448	0,248484
$v_{2,2}$	-0,011921	-0,016103	-0,018943	-0,021141	-0,022954
π	0,048226	0,058307	0,064889	0,069878	0,073933

Tabelle 6.2: Optimale Lösung aus Sicht des Prinzipalen für Fall 2.

	$n_0 = 10$	$n_0 = 20$	$n_0 = 30$	$n_0 = 40$	$n_0 = 50$
$v_{1,1}$	0,891958	0,921921	0,933888	0,940602	0,944998
a_1	0,401427	0,496959	0,5513	0,588461	0,616258
$v_{2,1}$	-0,070627	-0,112860	-0,141064	-0,162084	-0,178724
$v_{1,2}$	0,890530	0,920963	0,933177	0,940042	0,944538
a_2	0,401602	0,497073	0,551384	0,588527	0,616312
$v_{2,2}$	-0,070729	-0,112938	-0,141127	-0,162136	-0,178768
π	0,172469	0,255724	0,310669	0,351432	0,383621

Tabelle 6.3: Optimale Lösung aus Sicht des Prinzipalen für Fall 3.

	$n_0 = 10$	$n_0 = 20$	$n_0 = 30$	$n_0 = 40$	$n_0 = 50$
$v_{1,1}$	0,923559	0,941882	0,948425	0,951972	0,954287
a_1	0,415649	0,507719	0,559882	0,595574	0,622316
$v_{2,1}$	-0,075720	-0,117800	-0,145490	-0,166026	-0,182255
$v_{1,2}$	0,897505	0,924253	0,935228	0,941489	0,945636
a_2	0,419928	0,510474	0,561890	0,597140	0,623589
$v_{2,2}$	-0,078101	-0,119614	-0,146927	-0,167208	-0,183254
π	0,179327	0,261861	0,315985	0,356074	0,387724

Tabelle 6.4: Optimale Lösung aus Sicht des Prinzipalen für Fall 4.

	$n_0 = 10$	$n_0 = 20$	$n_0 = 30$	$n_0 = 40$	$n_0 = 50$
$v_{1,1}$	0,535265	0,620079	0,659867	0,684041	0,700686
a_1	0,240897	0,334252	0,389538	0,427950	0,456935
$v_{2,1}$	-0,002155	-0,019816	-0,035049	-0,047704	-0,058367
$v_{1,2}$	0,530923	0,615572	0,655817	0,680464	0,697517
a_2	0,244583	0,337296	0,391995	0,429980	0,458650
$v_{2,2}$	-0,003484	-0,021360	-0,036508	-0,049032	-0,059568
π	0,103755	0,172277	0,219766	0,255798	0,284641

Tabelle 6.5: Optimale Lösung aus Sicht des Prinzipalen für Fall 5.

	$n_0 = 10$	$n_0 = 20$	$n_0 = 30$	$n_0 = 40$	$n_0 = 50$
$v_{1,1}$	0,533350	0,618607	0,658705	0,683089	0,684737
a_1	0,240035	0,333458	0,388852	0,427355	0,428386
$v_{2,1}$	-0,002140	-0,019722	-0,034926	-0,047572	-0,047801
$v_{1,2}$	0,530883	0,615554	0,655808	0,680458	0,681507
a_2	0,244545	0,337274	0,391981	0,429970	0,431674
$v_{2,2}$	-0,003479	-0,021354	-0,036504	-0,049029	-0,049629
π	0,097610	0,162196	0,206986	0,240978	0,241665

Tabelle 6.6: Optimale Lösung aus Sicht des Prinzipalen für Fall 6.

	$n_0 = 10$	$n_0 = 20$	$n_0 = 30$	$n_0 = 40$	$n_0 = 50$
$v_{1,1}$	0,536861	0,621306	0,660835	0,684833	0,701353
a_1	0,241615	0,334913	0,390110	0,428446	0,457370
$v_{2,1}$	-0,002168	-0,019894	-0,035152	-0,047815	-0,058479
$v_{1,2}$	0,530956	0,615586	0,655825	0,680468	0,697520
a_2	0,244614	0,337314	0,392006	0,429987	0,458656
$v_{2,2}$	-0,003489	-0,021364	-0,036512	-0,049035	-0,059570
π	0,108877	0,180678	0,230416	0,268148	0,298349

Tabelle 6.7: Optimale Lösung aus Sicht des Prinzipalen für Fall 7.

Die Ergebnisse bei Vorliegen dieser sieben Parameterkonstellationen werden im Folgenden untersucht. Dazu erfolgt zunächst eine Interpretation der Veränderung der Entlohnungsparameter zwischen den Perioden $t = 1$ und $t = 2$. Anschließend wird untersucht, wie sich die Höhe der zu Beginn der Vertragsbeziehung vorhandenen Erfahrung n_0 auf die optimale Entlohnung auswirkt. Abschließend erfolgt ein Vergleich mit der aus dem LEN-Modell gewonnenen Lösung.

6.3.1 *Vergleich der optimalen Lösungen für $t = 1$ und $t = 2$*

Bei allen untersuchten Parameterkonstellationen konnte festgestellt werden, dass der aus Sicht des Prinzipalen optimale Gewinnanteil des Agenten in der ersten Periode höher ist als in der zweiten, es galt somit $v^*_{1,1} > v^*_{1,2}$. Um dieses Verhalten des Parameters $v^*_{1,t}$,

$t = 1, 2$ zu erklären, ist zunächst die Feststellung nützlich, dass $\eta_1 \leq \eta_2$ gilt. Da der Agent in jeder Periode t seinen Arbeitseinsatz a_t gemäß $a_t^* = \eta_t \cdot v_{1,t}$ wählt, wird dieser bei $v_{1,1} = v_{1,2}$ in der ersten Periode kleiner oder gleich dem Arbeitseinsatz in der zweiten Periode gewählt. Durch $v_{1,1} \geq v_{1,2}$ kann dies vom Prinzipalen kompensiert werden. Ein solches Vorgehen kann für ihn vorteilhaft sein, da durch die Wahl einer höheren variablen Entlohnung in der ersten Vertragsperiode der dann geleistete Arbeitseinsatz a_1^* gesteigert wird. Dieser Effekt vergrößert die Übung, welche der Agent zu Beginn der zweiten Periode gesammelt hat und damit auch den Parameter η_2. Diese Erhöhung der Grenzproduktivität der zweiten Periode führt wegen $a_2^* = \eta_2 \cdot v_{1,2}$ auch zu einer Steigerung des Arbeitseinsatzes des Agenten und damit zu einer Vergrößerung des erwarteten Gewinns des Prinzipalen in $t = 2$. Die Beziehung $v_{1,1} \geq v_{1,2}$ kann somit dadurch erklärt werden, dass sich der Prinzipal durch eine Erhöhung des Arbeitseinsatzes der ersten Periode eine Vergrößerung des erwarteten Gewinns in $t = 2$ verspricht, die seine Gewinneinbußen in $t = 1$ überkompensiert. Der Prinzipal will den Agenten in der ersten Periode zum Lernen anreizen, um davon in der zweiten Periode trotz Diskontierung überproportional zu profitieren.

In allen untersuchten Beispielen galt weiter $a_2^* > a_1^*$. Wegen $a_t^* = v_{1,t} \cdot \eta_t$ und $v_{1,1} > v_{1,2}$ kann dies nur aus einer entsprechenden Erhöhung der Grenzproduktivität η_t resultieren. Durch $v_{1,1} > v_{1,2}$ wurde vom Prinzipalen eine so hohe Steigerung der Grenzproduktivität erwirkt, dass trotz eines geringeren Anteils am Gewinn der zweiten Periode ein höherer Arbeitseinsatz a_2^* gewählt wird.

Durch $v_{1,1} > v_{1,2}$ wird deutlich, dass der Prinzipal die Wirkung der variablen Vergütung auf den Arbeitseinsatz der zweiten Periode in seine Optimierungsüberlegungen einbeziehen sollte. Durch $v_{1,1}^* > v_{1,2}^*$ kann es ihm gelingen, die Grenzproduktivität und damit den Arbeitseinsatz des Agenten in der zweiten Periode zu erhöhen und so seinen erwarteten Gewinn über den Betrachtungszeitraum zu steigern. Der Agent muss dieses Vorgehen in seine Optimierungsüberlegung einbeziehen, so dass er in der ersten Periode, induziert durch die variable Vergütung, einen Arbeitseinsatz wählt, der ihn dazu befähigt, in der zweiten Periode eine Grenzproduktivität zu errreichen, die es ihm ermöglicht, seinen Reservationsnutzen in $t = 2$ zu erzielen.

6.3.2 *Der Einfluss der bisherigen Erfahrung n_0*

Für alle betrachteten Parameterkonstellationen von r, i, σ^2, b und T wird untersucht, wie sich die Höhe n_0 der Erfahrung für $n_0 = 10$, $n_0 = 20$, $n_0 = 30$, $n_0 = 40$ und $n_0 = 50$ auf die optimalen Entlohnungsparameter auswirkt. Die Höhen der optimalen variablen

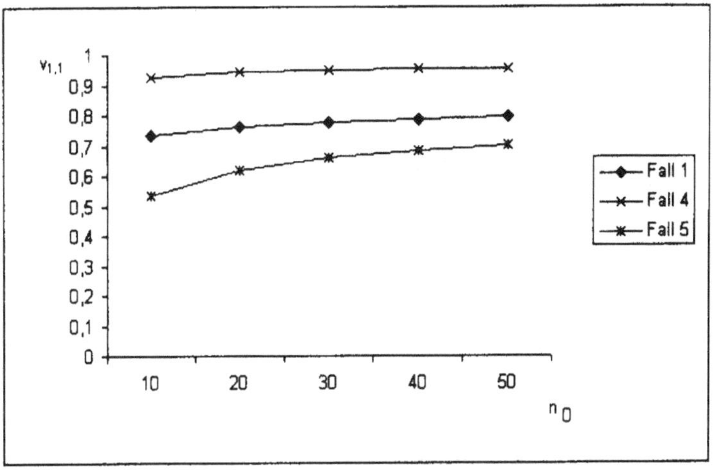

Abbildung 6.2: Die Höhe des optimalen Gewinnanteils des Agenten in der ersten Periode $v^*_{1,1}$ abhängig von n_0.

Vergütungen $v^*_{1,1}$ und $v^*_{1,2}$ steigen in allen untersuchten Beispielen mit einer Erhöhung von n_0. Einige Beispielverläufe sind in den Abbildungen 6.2 und 6.3 dargestellt. Die Beschränkung auf drei der untersuchten Parameterkonstellationen erfolgt im Hinblick auf eine bessere Übersichtlichkeit der Abbildungen. Dies kann analog zum Verhalten des Parameters v^*_1 in dem in Kapitel 5 dargestellten LEN-Modell mit der durch Übung steigenden Grenzproduktivität des Agenten erklärt werden.

In der zweiten Vertragsperiode ist $v^*_{1,2}$ durch

$$v^*_{1,2} = \frac{\eta_2^2}{\eta_2^2 + r\,\sigma^2} \tag{6.38}$$

gegeben. Wird zu Beginn der Vertragslaufzeit ein Agent mit einer höheren Erfahrung n_0 eingestellt, so steigert dies die Grenzproduktivität und damit auch den Gewinn des Prinzipalen. Durch $a^*_2 = v^*_{1,2} \cdot \eta_2$ kann der Prinzipal zusätzlich mittels einer Erhöhung von $v^*_{1,2}$ den Arbeitseinsatz des Agenten steigern, für das daraus resultierende Arbeitsleid ist dieser allerdings durch ein höheres Fixgehalt in der Periode zu entschädigen. Mit einer Steigerung der Grenzproduktivität des Agenten sinkt der Arbeitseinsatz, der nötig ist, um eine zusätzliche Einheit Gewinn zu erzielen, und damit verringern sich aus Sicht des Prinzipalen ebenfalls die Kosten der Induktion eines höheren Arbeitseinsatzes a^*_2.

Ebenso kann erklärt werden, dass $v^*_{1,1}$ bei wachsendem n_0 steigt. Auch hier kann die sich erhöhende Grenzproduktivität des Agenten für die Steigerung von $v^*_{1,1}$ verantwortlich

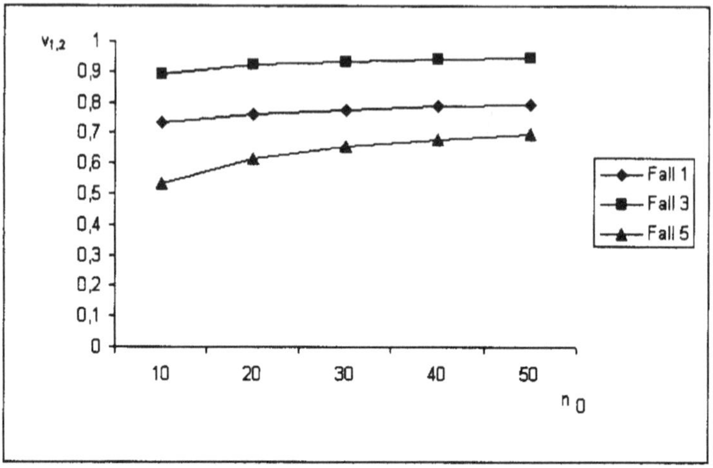

Abbildung 6.3: Die Höhe des optimalen Gewinnanteils in der zweiten Periode $v_{1,2}^*$ abhängig von n_0.

gemacht werden. Ein geübter Agent erhält somit einen höheren Gewinnanteil und übernimmt einen höheren Anteil am Risiko.
Weiter ist zu beobachten, dass die Differenz zwischen $v_{1,1}^*$ und $v_{1,2}^*$ mit zunehemendem n_0 abnimmt. Eine Erklärung liegt hier in der Konkavität von η. Mit zunehmender Anfangserfahrung n_0 sinkt der Zuwachs der Grenzproduktivität, den eine höhere Arbeitsanstrengung des Agenten in der ersten Periode während der zweiten Vertragsperiode auslösen würde. Für $n_0 \to \infty$ gilt wegen

$$\lim_{n_0 \to \infty} \left(v_{1,1} \cdot \eta_1^2 \cdot \frac{d_{max}}{k_1} + n_0 \right)^{-(b+1)} \to 0 \tag{6.39}$$

auch $\lim_{n_0 \to \infty} \frac{\partial \pi_2}{\partial v_{1,1}} = 0$. Die Auswirkung der Entlohnung der ersten Periode auf den Gewinn der zweiten Periode verschwindet, und das Optimierungsproblem zerfällt in die Optimierung zweier einperiodiger LEN-Modelle. Somit wird die Betrachtung der Auswirkung von Übungseffekten des Agenten erst dann nicht mehr relevant, wenn dieser über eine an unendlich grenzende Übung verfügt. Ansonsten ist eine dynamische Betrachtung zwingend für eine optimale Anreizgestaltung.

Auch die optimalen Arbeitseinsätze a_1^* und a_2^* steigen wie in den Abbildungen 6.4 und 6.5 ersichtlich mit zunehmender Erfahrung n_0. Dies hat seine unmittelbare Ursache in der Erhöhung der Grenzproduktivität η_t, die wegen $a_t^* = v_{1,t}^* \cdot \eta_t$ steigernd auf a_t^* wirkt. Da $v_{1,t}^*$ in den untersuchten Beispielen ebenso wachsend in n_0 ist, erhöhen sich beide Faktoren bei Vergrößerung der anfänglichen Erfahrung und damit auch der Wert a_t^*.

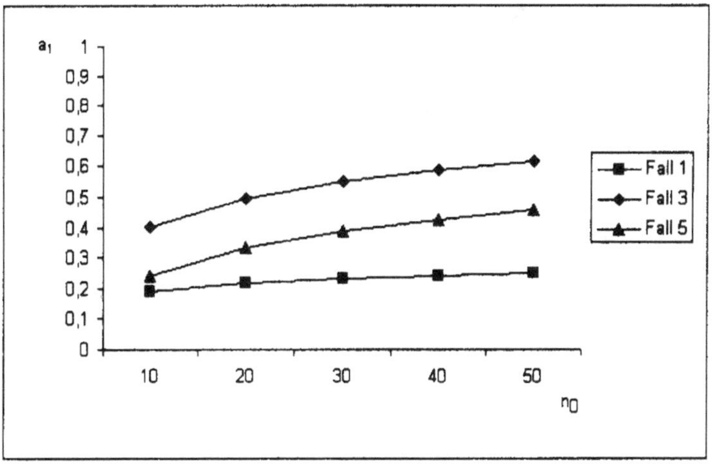

Abbildung 6.4: Die Höhe des optimalen Arbeitseinsatzes in der ersten Periode a_1^* abhängig von n_0.

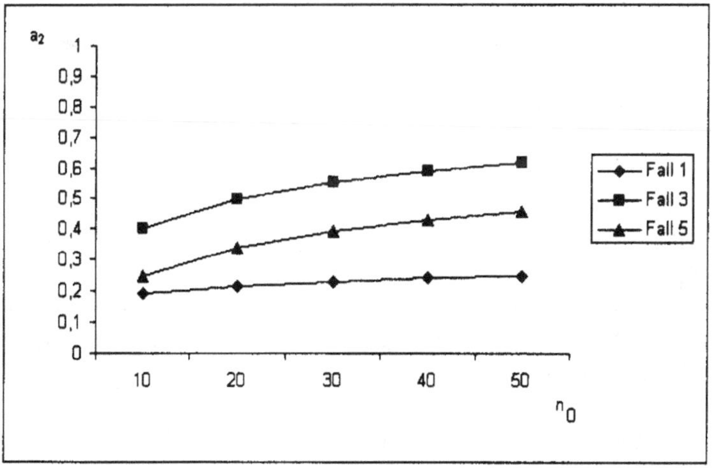

Abbildung 6.5: Die Höhe des optimalen Arbeitseinsatzes in der zweiten Periode a_2^* abhängig von n_0.

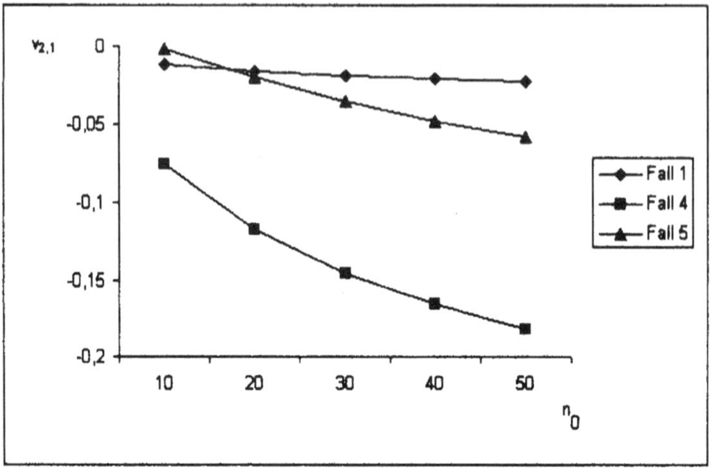

Abbildung 6.6: Die Höhe der optimalen fixen Vergütung in der ersten Periode $v_{2,1}^*$ abhängig von n_0.

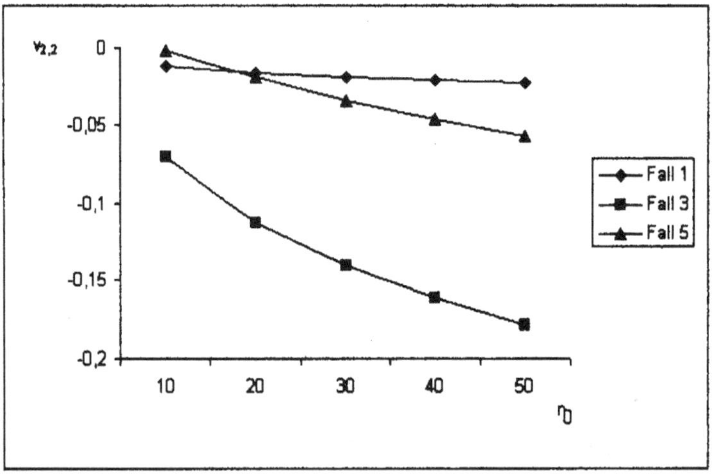

Abbildung 6.7: Die Höhe der optimalen fixen Vergütung in der zweiten Periode $v_{2,2}^*$ abhängig von n_0.

Bei wachsendem n_0 nähern sich sowohl $v_{1,1}^*$ und $v_{1,2}^*$ als auch η_1 und η_2 aneinander an. Die Folge ist eine Angleichung von a_1^* an a_2^*. Beide Parameter konvergieren für $n_0 \to \infty$ gegeneinander und nähern sich den Ergebnissen des LEN-Modells.

Die fixen Vergütungen $v_{2,t}$ sinken wie in den Abbildungen 6.6 und 6.7 ersichtlich mit der Höhe der anfänglichen Übung n_0. Dies kann damit begründet werden, dass auf Grund

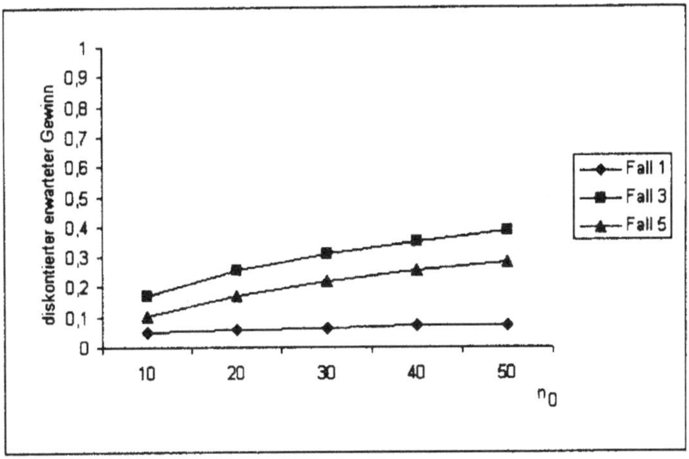

Abbildung 6.8: Die Höhe des diskontierten erwarteten Gewinns π abhängig von n_0.

des Wachstums von η_t, $v_{1,t}^*$ und a_t^* die Höhe der erwarteten gezahlten Vergütung stärker ansteigt als die Höhe des Arbeitsleids und die zu zahlende Risikoprämie. Diese Schlussfolgerung muss jedoch nicht für alle möglichen Parameterkonstellationen gelten.
Ebenso wie bei den vorherigen untersuchten Parametern ist eine Angleichung von $v_{2,1}^*$ und $v_{2,2}^*$ für wachsende n_0 zu beobachten. Dies kann wiederum mit den Konvergenzeigenschaften von η und den daraus resultierenden Auswirkungen auf a_t^* und $v_{1,t}^*$ erklärt werden. Da sich für $n_0 \to \infty$ sowohl die Arbeitseinsätze als auch die variablen Vergütungen beider Perioden aneinander angleichen, gilt dies ebenso für die zu zahlende Risikoprämie und das empfundene Arbeitsleid. Somit nähern sich alle drei die fixen Vergütungen bestimmenden Faktoren aneinander an. Für $v_{2,1}^*$ und $v_{2,2}^*$ ist dies folglich ebenso der Fall.

Bei Betrachtung des Verhaltens der optimalen Parameter a_t^*, $v_{1,t}^*$ und $v_{2,t}^*$ überrascht es nicht, dass wie in Abbildung 6.8 ersichtlich auch der erwartete diskontierte Gewinn des Prinzipalen bei Erhöhung der Anfangserfahrung n_0 steigt. Eine Steigerung von η_1 führt hier zwar zu einer Erhöhung von $E(s_2(x_2))$, durch $x_2 = a_2 \cdot \eta_2 + \varepsilon_2$ wird allerdings auch ein Wachstum des erwarteten Überschusses erreicht, das den Anstieg von π bewirkt. Auch im zweiperiodigen Modell ist somit die Beschäftigung erfahrenerer Agenten gewinnbringender.

6.4 Verhalten des Systems für $n_0 \to \infty$

Im Folgenden soll untersucht werden, wie sich das Optimierungsproblem für sehr geübte Agenten mit $n_0 \to \infty$ verhält. Dabei wird gezeigt, dass in diesem Fall die durch die Vertragsbeziehung gewonnenen Übungseffekte vernachlässigt werden können und das Modell in die Optimierung zweier einperiodiger Vertragsbeziehungen zerfällt.

Zunächst kann festgestellt werden, dass

$$\lim_{n_0 \to \infty} \eta_1 = \lim_{n_0 \to \infty} \frac{k_1}{k_1 + k_2\, n_0^{-b}} = 1 \tag{6.40}$$

gilt. Die Grenzproduktivität des Agenten nähert sich damit im untersuchten Fall eins und führt wegen $x_1 = \eta_1\, a_1 + \varepsilon_1$ bei gegebenem Arbeitseinsatz a_1 zu den höchstmöglichen erwarteten Ergebnissen für den Prinzipalen.

Im Weiteren soll die Höhe des aus Sicht des Agenten optimalen Arbeitseinsatzes der zweiten Periode bestimmt werden. Dabei ist zu beachten, dass der Arbeitseinsatz a_1 in der ersten Vertragsperiode in seiner Höhe beschränkt ist. Aus diesem Grund gilt

$$\lim_{n_0 \to \infty} \eta_2 = \lim_{n_0 \to \infty} \eta_1 = 1. \tag{6.41}$$

Somit folgt für den aus Sicht des Agenten optimalen Arbeitseinsatz der zweiten Periode $a_2^* = v_{1,2}$. Er entspricht damit dem gezahlten Gewinnanteil.
Für die aus Sicht des Prinzipalen optimale Vergütung folgt aus $\lim_{n_0 \to \infty} \eta_2 = 1$, dass

$$v_{1,2}^* = \frac{1}{1 + r\,\sigma_2^2} \tag{6.42}$$

$$v_{2,2}^* = -\frac{1 - r\,\sigma^2}{2\,(1 + r\sigma_2^2)^2} \tag{6.43}$$

gilt.

Die Höhen der optimalen Entlohnungsparameter und der vom Agenten gewählte Arbeitseinsatz gleichen daher den Ergebnissen des LEN-Modells nach *Spremann*[13], sofern der Reservationsnutzen des Agenten Null entspricht. Dies resultiert daraus, dass dem Modell nach *Spremann* implizit eine Grenzproduktivität des Agenten von eins zu Grunde liegt. Weiter optimieren beide Parteien im hier vorgestellten Ansatz in der zweiten Vertragsperiode nur über ihre jeweiligen Nutzen dieser Periode. Damit wird sowohl vom Prinzipal als auch vom Agenten nach Beendigung der ersten Vertragsperiode nur noch eine einperiodige Optimierung über die Parameter der zweiten Periode unter Berücksichtigung von $\eta_2 = 1$ durchgeführt. Dies entspricht der Problemstellung des LEN-Modells nach *Spremann*. Eine Übereinstimmung der Ergebnisse ist aus diesem Grunde nicht überraschend.

---

[13] Vgl. Spremann (1987).

Weiter sollen die Höhe des optimalen Arbeitseinsatzes des Agenten und die optimalen Entlohnungsparameter für die erste Periode bestimmt werden. Wegen $\lim_{n_0\to\infty} \eta_1 = 1$ gilt zunächst auch hier $a_1^* = v_{1,1}$. Der optimale Arbeitseinsatz des Agenten entspricht so der gezahlten variablen Vergütung. Für deren Bestimmung ist die Lösung der Beziehung (6.35) nötig. Da auf Grund von $n_0 \to \infty$ die Gleichung

$$\lim_{n_0\to\infty} \frac{\partial \pi_2}{\partial v_{1,1}} = 0 \tag{6.44}$$

gilt, ist

$$\lim_{n_0\to\infty} \left(\eta_1^2 - \eta_1^2 v_{1,1}^* - r\,\sigma_1^2 v_{1,1}^*\right) \stackrel{!}{=} 0 \tag{6.45}$$

zu lösen. Aus $\lim_{n_0\to\infty} \eta_1 = 1$ folgt hier

$$v_{1,1}^* = \frac{1}{1 + r\,\sigma_1^2} \tag{6.46}$$

für die Höhe der optimalen variablen Vergütung. Das zu zahlende Fixgehalt entspricht

$$v_{2,1}^* = -\frac{1 - r\,\sigma_1^2}{2\,(1 + r\sigma_1^2)^2} \tag{6.47}$$

für einen Reservationsnutzen des Agenten von null.

Die optimalen Entlohnungsparameter sind folglich in beiden Perioden gleich und entsprechen den Ergebnissen des LEN-Modells nach *Spremann* beziehungsweise nach *Indjejikian* und *Nanda*[14] für unabhängige Zufallsgrößen ε_1 und ε_2. Das Problem zerfällt hier in zwei einperiodige Optimierungsprobleme mit $\eta_t = 1$, $t = 1, 2$. Intertemporale Effekte haben keinen Einfluss auf die Höhe der optimalen Entlohnungsparameter. Dies resultiert daraus, dass der Agent mit $n_0 \to \infty$ bereits die höchstmögliche Erfahrung beziehungsweise die höchstmögliche Grenzproduktivität erreicht hat. Durch seine Arbeitsanstrengung in der ersten Periode kann diese nicht weiter erhöht werden, die Wahl von $a_{1,1}$ hat somit keine Auswirkungen auf die Ergebnisse der zweiten Vertragsperiode. Auf Grund der Unabhängigkeit von ε_1 und ε_2 beeinflusst die Parameterwahl in der ersten Vertragsperiode so die Ergebnisse der zweiten Periode nicht. Das Problem zerfällt in die Optimierung zweier einperiodiger LEN-Modelle.

6.5 Vergleich mit dem statisch-komparativen LEN-Modell

Im Folgenden sollen die Höhen der optimalen Parameter mit den im LEN-Modell erzielten Ergebnissen verglichen werden.[15] Um das einperiodige Modell auf zwei Vertragsperioden

---

14 Vgl. Indjejikian und Nanda (1999).

15 Vgl. Kapitel 5.

auszudehnen, wird angenommen, dass der Prinzipal dem Agenten einen Vertrag anbietet, welcher über beide Perioden abhängig von der anfänglichen Grenzproduktivität η ist und aus den Vergütungsparametern

$$v^*_{1,LEN} = \frac{\eta^2}{\eta^2 + r\,\sigma^2} \tag{6.48}$$

$$v^*_{2,LEN} = \frac{\eta^6 + \eta^4\, r\,\sigma^2}{2(\eta^2 + r\,\sigma^2)^2} \tag{6.49}$$

besteht. Diese Entlohnungsparameter behalten auch in der zweiten Vertragsperiode ihre Gültigkeit. Die Entlohnung wird jeweils nach Realisation des Periodenüberschusses in $t = 1$ und $t = 2$ gezahlt. Der Agent kann seinen Arbeitseinsatz in der zweiten Periode seiner neuen Grenzproduktivität anpassen, der Prinzipal hingegen ändert seine Entlohnungsparameter im Gegensatz zum vorherigen Modell nicht.

Für alle untersuchten Parameterwerte sind die Ergebnisse in Anhang C dargestellt. Im direkten Vergleich der ersten Vertragsperioden fällt auf, dass der dem Agenten gezahlte Gewinnanteil der ersten Periode im zweiperiodigen Modell höher ist. Daraus resultiert ebenfalls ein höherer Arbeitseinsatz a^*_1 und wegen der höheren zu zahlenden Risikoprämie und dem resultierenden gestiegenen Arbeitsleid ebenso ein höheres Fixgehalt als im LEN-Modell. Dies lässt sich mit der vom Prinzipalen im mehrperiodigen Modell berücksichtigten Auswirkung einer Steigerung des Arbeitseinsatzes der ersten Periode auf die Grenzproduktivität des Agenten während der zweiten Vertragsperiode erklären. Der daraus für den Prinzipalen resultierende Mindergewinn wird durch einen Anstieg des erwarteten Gewinns in $t = 2$ überkompensiert. Dieser folgt aus der in der ersten Periode induzierten Erhöhung der Grenzproduktivität des Agenten.

Eine Berücksichtigung der Veränderung der Grenzproduktivität des Agenten ist aus Sicht des Prinzipalen somit sinnvoll und erhöht den diskontierten erwarteten Gewinn in einem zweiperiodigen Modell. Die zweiperiodige Betrachtung ist der einperiodigen, kurzfristigen Optimierung folglich vorzuziehen, wenn so die Möglichkeit besteht, die Grenzproduktivität des Agenten auf diese Weise zu erhöhen. Die Entlohnungsparameter der ersten Periode berücksichtigen hier die Auswirkungen auf den erwarteten Gewinn der zweiten Periode. Zu bemängeln ist jedoch, dass sich die Höhe der Grenzproduktivität des Agenten bereits innerhalb jeder Periode ändert und nicht erst zum Zeitpunkt $t = 1$. Wie sich eine solche stetige Änderung auf das Verhalten des Agenten und die Höhe der vom Prinzipalen gewählten Entlohnungsparameter auswirkt, soll das folgende Modell einer dynamisch-stetigen Prinzipal-Agent-Beziehung untersuchen.

7 Ein dynamisches stetiges Prinzipal-Agent-Modell

Um tiefere Einsichten in die aus Sicht des Prinzipalen optimale vertragliche Gestaltung einer dynamischen Prinzipal-Agent-Beziehung zu gewinnen, soll nun das LEN-Modell zu einer dynamischen, stetigen Vertragsbeziehung ausgebaut werden. Hier kann insbesondere der sich durch Übung erhöhenden Grenzproduktivität des Agenten Rechnung getragen werden.

Dazu wird das eben diskutierte zweiperiodig-diskrete Modell auf einen Zeitraum $[0, T]$ ausgedehnt. Der Prinzipal legt die Parameter der Entlohnung in Form einer variablen Vergütungsfunktion $v_1(t)$ und einer fixen Vergütungsfunktion $v_2(t)$ zu Beginn der Vertragsbeziehung fest, der Agent wählt seinen Arbeitseinsatz ebenfalls als Funktion $a(t)$.

7.1 Modellannahmen

Das zweiperiodige Modell aus Kapitel 6 soll nun auf einen Zeitraum $[0, T]$ ausgedehnt werden. Die Annahme eines endlichen Vertragszeitraums wird hier bezüglich der durch Alterung begrenzten Arbeitsfähigkeit des Agenten getroffen.

Das Modell wird unter der Voraussetzung formuliert, dass der Prinzipal über eine Zeitpräferenz i_P und der Agent über eine zeitliche Präferenz von i_A verfügt. Eine Übereinstimmung beider Parameter ist nicht zwingend.

Das Ergebnis des Prinzipalen zum Zeitpunkt $t \in [0, T]$ wird auch hier mittels

$$x(a(t), \varepsilon(t), t) = a(t)\,\eta(t) + \varepsilon(t), \tag{7.1}$$

bestimmt, woraus sich nach Abzug der Entlohnung des Agenten in Form von

$$s(x(a(t), \varepsilon(t), t)) = v_1(t)\,x(a(t), \varepsilon(t), t) + v_2(t) \tag{7.2}$$

ein erwarteter Gewinn von

$$\pi(t) = a(t)\,\eta(t) - v_1(t)\,a(t)\,\eta(t) - v_2(t) \tag{7.3}$$

ergibt. Der Agent erhält somit auch in diesem Modell zu jedem Zeitpunkt einen Anteil $v_1(t)$ am Ergebnis sowie eine fixe Vergütung in Höhe von $v_2(t)$. Der Parameter $a(t)$ beschreibt den Arbeitseinsatz des Agenten in t, $\eta(t)$ seine Grenzproduktivität in t und $n(t)$ die bis zum Zeitpunkt t gewonnene Übung. Dabei gilt

$$\eta(t) = \frac{k_1}{k_1 + k_2\, n(t)^{-b}}\,. \tag{7.4}$$

Die Zufallsvariablen $\varepsilon(t)$ sind unabhängig und normalverteilt mit dem Erwartungswert null und der konstanten Varianz $\sigma(t)^2 = \sigma^2$. Der Prinzipal sei auch hier risikoneutral bezüglich der Höhe seines Gewinns.

Der Agent habe zum Zeitpunkt t, $t \in [0, T]$, eine Grenzproduktivität von $\eta(t)$. Diese ergibt sich aus der Höhe $n(0) = n_0$ der zu Beginn der Vertragsbeziehung bestehenden Erfahrung und der bis zum Zeitpunkt t zusätzlich gewonnenen Übung. Es gilt dabei

$$\eta(0) = \frac{k_1}{k_1 + k_2\, n_0^{-b}} \tag{7.5}$$

und

$$\frac{dn(t)}{dt} = \dot{n}(t) = \eta(t) \cdot a(t) \cdot \frac{d_{max}}{k_1}. \tag{7.6}$$

Wie bereits im zweiperiodigen Modell beschreibt der Faktor $\frac{d_{max}}{k_1}$, wieviele Einheiten ein Agent mit einer Grenzproduktivität von eins pro betrachtetem Zeitpunkt maximal herstellen könnte. Unter Einbeziehung von $\eta(t)$ und $a(t)$ bezeichnet $\dot{n}(t)$ folglich die im Zeitpunkt t zusätzlich gewonnene Übung.

Der Agent legt seinen Handlungen eine von-Neumann-Morgenstern-Nutzenfunktion zu Grunde, die seinen Nutzen im Zeitpunkt t, $t \in [0, T]$ durch

$$U_A(a, s(x(a(t), \varepsilon(t), t), a), t) = -e^{-r\left(s(x(a(t),\varepsilon(t),t)) - \frac{a(t)^2}{2}\right)} \tag{7.7}$$

bestimmt. Damit vom Agenten eine vertragliche Beziehung eingegangen wird, ist es von Seiten des Prinzipalen erforderlich, ihm zu jedem Zeitpunkt eine Vergütung zu zahlen, die dem Agenten für jedes $t \in [0, T]$ die Realisation seines Reservationsnutzens $\overline{U}_A$ garantiert. Der Agent maximiert zu jedem Zeitpunkt $t \in [0, T]$ seinen Nutzen über die Höhe des Arbeitseinsatzes $a(t)$. Dabei wählt er $a(t)$ gemäß

$$\begin{aligned} a(t) \;\in\; & \arg\max_{\hat{a}(t)} \qquad\qquad (7.8) \\ & \int_0^T e^{-i_A t} \left(E(s(x(\hat{a}, \varepsilon, t))) - \frac{\hat{a}(t)^2}{2} - \frac{r}{2} Var(s(x(\hat{a}, \varepsilon, t))) \right) dt \end{aligned}$$

und maximiert so die diskontierten Sicherheitsäquivalente eines jeden Zeitpunktes.[1] Diese Bedingung stellt die Anreizkompatibilitätsbedingung des Agenten dar.

Das Problem des Prinzipalen ist folglich als

$$\max_{s(x(\hat{a},\varepsilon,t)),a(t)} E\left(\int_0^T e^{-i_P t}(x(a,\varepsilon,t) - v_1(t)\,x(a,\varepsilon,t) - v_2(t))dt\right) \tag{7.9}$$

unter den Nebenbedingungen

$$a(t) \in \arg\max_{\hat{a}(t)} \int_0^T e^{-i_A t}\left(E(s(x(\hat{a},\varepsilon,t))) - \frac{\hat{a}(t)^2}{2} - \frac{r}{2}Var(s(x(\hat{a},\varepsilon,t)))\right)dt$$

$$\exists\,\hat{a}(t) \;:\; E(s(x(\hat{a},\varepsilon,t))) - \frac{\hat{a}(t)^2}{2} - \frac{r}{2}Var(s(x(\hat{a},\varepsilon,t))) \geq \overline{U}_A \quad \forall t \in [0,T]$$

und

$$\dot{n}(t) = \eta(t) \cdot a(t) \cdot \frac{d_{max}}{k_1}$$

gegeben. Der Reservationsnutzen $\overline{U}_A$ wird auch in diesem Modell ohne Beschränkung der Allgemeinheit mit $\overline{U}_A = 0$ angenommen, da sich gemäß *Grossman* und *Hart*[2] jeder höhere Betrag einzig auf die Höhe des gezahlten Fixgehalts des Agenten, nicht jedoch auf die anderen Optima auswirkt. Die Struktur der Lösung bleibt durch die Höhe von $\overline{U}_A$ unbeeinflusst.

7.2 Lösung des Optimierungsproblems

Die Lösung der Optimierungsprobleme von Prinzipal und Agent erfolgt mit Hilfe eines kontrolltheoretischen Ansatzes nach *Pontrjagin* und *Bellmann*.[3] Ausgangspunkt ist dabei ein zu maximierendes Zielfunktional, wobei die Veränderung der Zustandsvariablen mittels Steuergrößen über Bewegungsgleichungen angegeben wird.[4] Die Lösung eines solchen Optimierungsproblems kann anschließend analog zu statischen Ansätzen mit Hilfe von adjungierten Variablen ermittelt werden.

---

[1] Vgl. zu diesem Vorgehen Kürsten (2002), Dietrich (2003) und Wiese (2003). Die Zeitpräferenzen sind hier nicht als Zinssätze eine Kapitalmarktes aufzufassen.

[2] Vgl. Grossman und Hart (1983).

[3] Vgl. Feichtinger und Hartl (1986).

[4] Vgl. Roski (1984), S. 515.

7.2.1 Das Optimierungsproblem des Agenten

Der Agent maximiert seinen erwarteten Nutzen bezüglich seines Arbeitseinsatzes $a(t)$ über den Zeitraum $[0, T]$ mittels

$$\int_0^T e^{-i_A t} \left(E(s(x(a(t), \varepsilon(t), t))) - \frac{a(t)^2}{2} - \frac{r}{2} Var(s(x(a(t), \varepsilon(t), t))) \right) dt \tag{7.10}$$

unter der Bedingung, dass seine Erfahrung gemäß

$$\dot{n}(t) = \eta(t) \cdot a(t) \cdot \frac{d_{max}}{k_1}$$

wächst. Die Anfangsbedingung ist durch

$$n(0) = n_0 \tag{7.11}$$

gegeben. Die Hamiltonfunktion des Agenten lautet

$$\begin{aligned} H_{Agent}(a(t), \eta(t), t, \lambda(t)) &= \eta(t)\, a(t)\, v_1(t) + v_2(t) - \frac{a(t)^2}{2} \\ &\quad -\frac{r}{2} v_1(t)^2 \sigma^2 + \lambda(t)\, \eta(t)\, a(t)\, \frac{d_{max}}{k_1}. \end{aligned} \tag{7.12}$$

Die adjungierte Gleichung, welche die Veränderung des Schattenpreises und damit des Nutzens, den eine zusätzliche Einheit an Erfahrung n zum Zeitpunkt t für den Agenten hätte, wenn er sich bis zum Ende der Vertragsbeziehung rational verhielte, im Optimum beschreibt, ist durch

$$\dot{\lambda}(t) = i_A\, \lambda(t) - \frac{\partial H_{Agent}}{\partial n(t)} \tag{7.13}$$

gegeben. Die Transversaltitätsbedingung, welche die Höhe der Schattenpreisfunktion λ im Endzeitpunkt T beschreibt, wird durch

$$\lambda(T) = 0 \tag{7.14}$$

bestimmt. Sie bildet die Endbedingung der Differentialgleichung (7.13) und wird durch die Annahme impliziert, dass der Agent seine gesammelte Erfahrung nach Ende der Vertragslaufzeit nicht anderweitig nutzen kann.

Wegen

$$\frac{\partial H_{Agent}}{\partial a(t)} = \eta(t)\, v_1(t) - a(t) + \lambda(t)\, \eta(t)\, \frac{d_{max}}{k_1} \stackrel{!}{=} 0 \tag{7.15}$$

erreicht die Hamiltonfunktion des Agenten ihr Maximum bei

$$a^*(t) = \eta(t)\left(v_1(t) + \lambda(t)\,\frac{d_{max}}{k_1}\right). \tag{7.16}$$

Die adjungierte Gleichung lautet

$$\dot{\lambda}(t) = i_A\lambda(t) - \frac{b\,k_1\,k_2\,n(t)^{-1-b}a^*(t)(v_1(t) + \lambda(t)\frac{d_{max}}{k_1})}{(k_1 + k_2\,n(t)^{-b})^2} \tag{7.17}$$

und kann ohne Kenntnis der Funktionen $n(t)$ und $v_1(t)$ nicht gelöst werden.

Der Arbeitseinsatz des Agenten unterscheidet sich vom einperiodigen Modell. Eine Annahme von $\lambda(t) \equiv 0$ führt auf Grund der Beziehung (7.16) zu $a^*(t) \neq 0$ für $v_1(t) \neq 0$ und $n(0) > 0$ und folglich in Gleichung (7.17) zu $\dot{\lambda} \neq 0$. Letzteres steht im Widerspruch zu $\lambda(t) \equiv 0$.

Weitere Angaben zur Schattenpreisfunktion λ können ohne Kenntnis von $v_1(t)$ und $n(t)$ nicht getroffen werden. Wegen $\lambda(t) \neq 0$ für einige $t \in [0, T]$ weicht jedoch der aus Sicht des Agenten optimale Arbeitseinsatz $a^*(t)$ vom einperiodigen Modell ab, der Agent bezieht somit mehrperiodige Konsequenzen in seine Optimierungsüberlegungen ein und berücksichtigt, dass die Wahl seines Arbeitseinsatzes in t Auswirkungen auf die Zukunft hat. Dies steht im Gegensatz zu dem in Kapitel 6 ermittelten Ergebnis, bei dem der Arbeitseinsatz des Agenten in beiden Perioden nur von seiner Entlohnung und der vorhandenen Übung abhängt. Im dynamischen Modell ist dies wegen $\lambda(t) \neq 0$ für einige $t \in [0, T]$ nicht der Fall.

7.2.2 Das Optimierungsproblem des Prinzipalen

Ebenso wie die Ermittlung des optimalen Arbeitseinsatzes des Agenten kann das Optimierungsproblem des Prinzipalen mit Hilfe einer Hamiltonfunktion gelöst werden. Er berücksichtigt in seiner Optimierung der Entlohnung des Agenten die Anreizkompatibiltiätsbedingung (7.16) und die Teilnahmebedingung des Agenten, so dass sein Optimierungsproblem in der Maximierung von

$$\int_0^T e^{-i_P t}(\eta(t)\,a^*(t) - v_1(t)\,\eta(t)\,a^*(t) - v_2(t))dt \tag{7.18}$$

unter den Nebenbedingungen

$$\dot{n}(t) = \eta(t)\, a^*(t)\, \frac{d_{max}}{k_1} \tag{7.19}$$

$$v_2(t) = -v_1(t)\, a^*(t)\, \eta(t) + \frac{a^*(t)^2}{2} + \frac{r}{2} v_1(t)\, \sigma^2 \tag{7.20}$$

bezüglich der Entlohnungsparameter $v_1(t)$ und $v_2(t)$ besteht. Die Nebenbedingung (7.20) stellt sicher, dass der Agent auch im dynamischen Modell zu jedem Zeitpunkt nur seinen Reservationsnutzen erreichen kann. Weiter ist zu berücksichtigen, dass auch hier die adjungierte Gleichung (7.17) des Agenten Gültigkeit besitzt.

Zur Bestimmung der optimalen Entlohnung wird die Hamiltonfunktion

$$\begin{aligned} H_{Prinzipal}(v_1(t), \eta(t), \mu(t)) &= \eta(t)\, a^*(t) - \frac{a^*(t)^2}{2} - \frac{r}{2}\, v_1(t)^2\, \sigma^2 \\ &\quad + \mu(t)\, \eta(t)\, a^*(t)\, \frac{d_{max}}{k_1} \end{aligned} \tag{7.21}$$

genutzt. Sie kann mit Hilfe der Gleichung (7.16) zu

$$\begin{aligned} H_{Prinzipal}(v_1(t), \eta(t), \mu(t)) &= \eta(t)^2 \left(v_1(t) + \lambda(t)\, \frac{d_{max}}{k_1} \right) \\ &\quad - \frac{1}{2} \eta(t)^2 \left(v_1(t) + \lambda(t)\, \frac{d_{max}}{k_1} \right)^2 \\ &\quad - \frac{r}{2}\, v_1(t)^2\, \sigma^2 \\ &\quad + \mu(t) \eta(t)^2 \left(v_1(t) + \lambda(t)\, \frac{d_{max}}{k_1} \right) \frac{d_{max}}{k_1} \end{aligned} \tag{7.22}$$

umgeformt werden. Die notwendige Bedingung für ein Maximum lautet

$$\begin{aligned} \frac{\partial H_{Prinzipal}}{\partial v_1(t)} &= \eta(t)^2 - \eta(t)^2 \left(v_1(t) + \lambda(t)\, \frac{d_{max}}{k_1} \right) - r\, v_1(t)\, \sigma^2 \\ &\quad + \mu(t)\, \eta(t)^2\, \frac{d_{max}}{k_1} \stackrel{!}{=} 0. \end{aligned} \tag{7.23}$$

Sie wird durch

$$v_1^*(t) = \frac{\eta(t)^2 - \lambda(t)\, \frac{d_{max}}{k_1}\, \eta(t)^2 + \mu(t)\, \eta(t)^2\, \frac{d_{max}}{k_1}}{\eta(t)^2 + r\, \sigma^2} \tag{7.24}$$

$$= \frac{\eta(t)^2 \left(1 - \lambda(t) \frac{d_{max}}{k_1} + \mu(t)\, \frac{d_{max}}{k_1} \right)}{\eta(t)^2 + r\, \sigma^2} \tag{7.25}$$

erfüllt. Auch hier zeigt sich eine Veränderung gegenüber dem einperiodigen LEN-Modell. Die dort ermittelte Größe

$$v_1^* = \frac{\eta^2}{\eta^2 + r\,\sigma^2} \qquad (7.26)$$

wird um den Faktor $\left(1 - \lambda(t)\frac{d_{max}}{k_1} + \mu(t)\frac{d_{max}}{k_1}\right)$ korrigiert. Dieser kann größer oder kleiner als eins ausfallen, abhängig davon, welche der Kozustandsvariablen $\lambda(t)$ und $\mu(t)$ den höheren Wert annimmt. Beide Variablen geben an, wieviel der jeweiligen Partei eine marginale Erhöhung der Erfahrung n zum Zeitpunkt t wert ist, vorausgesetzt, sie verhalten sich bis zum Ende des Vertragszeitraumes optimal. Ist somit dem Prinzipalen die Erhöhung der Erfahrung mehr wert als dem Agenten, wird $v_1^*(t)$ höher ausfallen als im LEN-Modell und umgekehrt. Auffällig ist weiter, dass in die aus Sicht des Prinzipalen optimale Lösung nicht nur die Schattenpreisfunktion des Prinzipalen $\mu(t)$ Eingang findet, sondern auch die sich für den Agenten ergebenden intertemporalen Aspekte in Form der Funktion $\lambda(t)$ berücksichtigt werden.

Die Transversalitätsbedingung kann mit

$$\mu(T) = 0 \qquad (7.27)$$

angegeben werden und sagt aus, dass dem Prinzipalen im Zeitpunkt T eine zusätzliche Einheit an Erfahrung des Agenten keinen zusätzlichen Nutzen bereitet. Dieser Umstand ist damit erklärbar, dass die Vertragsbeziehung in T beendet ist und der Agent somit keine Leistung mehr für den Prinzipalen erbringt. Eine Erhöhung seiner Grenzproduktivität hätte folglich für den Prinzipalen nach dem Zeitpunkt T keinen weiteren Nutzen.

Die Kozustandsbedingung im Optimierungsproblem des Prinzipalen beschreibt die Änderung der Schattenpreisfunktion $\mu(t)$ und kann durch

$$\begin{aligned}\dot{\mu}(t) &= i_P\,\mu(t) - \frac{k_1\,k_2\,b\,n(t)^{-1-b}}{(k_1 + k_2\,n^{-b})^2}\cdot\eta(t)\left(v_1^*(t) + \lambda(t)\,\frac{d_{max}}{k_1}\right) \\ &\quad\cdot\left(2 - \left(v_1^*(t) + \lambda(t)\,\frac{d_{max}}{k_1}\right) + 2\,\mu(t)\,\frac{d_{max}}{k_1}\right)\end{aligned} \qquad (7.28)$$

angegeben werden. Sie beschreibt, welchen zusätzlichen Nutzen eine Erhöhung der Erfahrung n des Agenten um eine Einheit stiften würde, wenn sich der Prinzipal von t an bis zum Ende der Vertragsbeziehung optimal verhalten würde. Sie hat hier die Form einer nichtlinearen Differenzialgleichung. Somit bilden

$$\dot{\lambda}(t) = i_A \lambda(t) - \frac{b\,k_1\,k_2\,n(t)^{-1-b} a^*(t)(v_1(t) + \lambda(t)\frac{d_{max}}{k_1})}{(k_1 + k_2\,n(t)^{-b})^2} \tag{7.29}$$

$$\dot{\mu}(t) = i_P\,\mu(t) - \frac{k_1\,k_2\,b\,n(t)^{-1-b}}{(k_1 + k_2\,n^{-b})^2} \cdot \eta(t) \left(v_1^*(t) + \lambda(t)\,\frac{d_{max}}{k_1}\right) \cdot \left(2 - \left(v_1^*(t) + \lambda(t)\,\frac{d_{max}}{k_1}\right) + 2\,\mu(t)\,\frac{d_{max}}{k_1}\right) \tag{7.30}$$

$$\dot{n}(t) = \eta(t)\,a^*(t)\,\frac{d_{max}}{k_1}$$

$$\lambda(T) = 0, \quad \mu(T) = 0, \quad n(0) = n_0 \tag{7.31}$$

ein System nichtlinearer Differentialgleichungen, welches in diesem Fall nicht analytisch gelöst werden kann. Im folgenden können deshalb nur Eigenschaften der optimalen Lösung ermittelt werden.

7.3 Eigenschaften der Lösung

7.3.1 Eindeutigkeit der Lösung

In diesem Abschnitt soll überprüft werden, ob die aus Sicht von Prinzipal und Agent gefundenen Lösungen der jeweiligen Optimierungsprobleme eindeutig sind. Wenn dies der Fall ist, kann vom Prinzipalen sichergestellt werden, dass der Agent bei Vorgabe eines bestimmten Entlohnungsschemas $\{v_1(t); v_2(t)\}$ über genau einen nutzenmaximierenden Arbeitseinsatz $a^*(t)$ verfügt.

Um zu überprüfen, ob die aus Sicht des Prinzipalen beziehungsweise des Agenten optimalen Lösungen die hinreichenden Bedingungen für ein Maximum erfüllen, ist zunächst die Konkavität der beiden Hamiltonfunktionen zu überprüfen.
Es gilt

$$\frac{\partial^2 H_{Agent}}{\partial a(t)^2} = -1, \tag{7.32}$$

die Hamiltonfunktion des Agenten ist somit konkav in $a(t)$ und das gefundene Optimum $a^*(t)$ ist eindeutig. Ebenso ist die Hamiltonfunktion des Prinzipalen auf Grund der Beziehung

$$\frac{\partial^2 H_{Prinzipal}}{\partial v_1(t)^2} = -\eta(t)^2 - r\,\sigma^2 \tag{7.33}$$

konkav. Folglich ist die gefundene Lösung eindeutig bestimmt. Diese Erkenntnis ist hilfreich bei der numerischen Lösung eines solchen Systems. Wird auf diese Art eine Lösung gefunden, so stellt sie das einzige Optimum des Systems dar. Insbesondere gibt es für den

Agenten bei vorgegebenen Entlohnungsparametern $v_1(t)$ und $v_2(t)$ nur einen optimalen Arbeitseinsatz $a^*(t)$. Diese Erkenntnis ist insbesondere für den Prinzipalen von Bedeutung, der so sicher sein kann, mit einer variablen Entlohnung von $v_1(t)$ einen bestimmten Arbeitseinsatz $a^*(t)$ induzieren zu können.[5]

7.3.2 Verhalten des Systems für $T \to \infty$

Im Folgenden wird untersucht, ob das System für $T \to \infty$ einen Gleichgewichtspunkt besitzt. Dieser zeichnet sich dadurch aus, dass im Gleichgewichtspunkt das Verhalten des Systems stabil ist und die gefundene optimale Lösung gegen einen festen Wert konvergiert. So können Aussagen über optimale Entlohnungsschemata bei Vertragsbeziehungen getroffen werden, deren Laufzeit sehr lang ist.

Um das Verhalten des Systems für $T \to \infty$ zu beschreiben, sind zusätzliche Annahmen nötig. Es erscheint sinnvoll, für die vom Prinzipalen induzierte Arbeitsanstrengung des Agenten $a^*(t) > 0$ vorauszusetzen, da ein Agent ohne Arbeitsanstrengung weder seinen Erfahrungsschatz $n(t)$ noch den erwarteten Überschuss des Prinzipalen erhöht.
Im Weiteren sollen hinreichende Bedingungen für die Existenz eines Gleichgewichts bei $T \to \infty$ untersucht werden. Mit Hilfe dieser Bedingungen kann die optimale Vertragsgestaltung bei $T \to \infty$ bestimmt werden. Im Gegensatz zu den in der Literatur[6] angegebenen Bedingungen für ein Gleichgewicht $(\hat{n}, \hat{v}_1, \hat{a})$ wird hier

$$\dot{n}(t) = \eta(t)\, \ddot{a}\, \frac{d_{max}}{k_1} = m \quad m > 0 \tag{7.34}$$

für $t \to \infty$ angenommen. Würde $m = 0$ gelten, entspräche wegen $\eta(t) > 0$ für alle t der zum Gleichgewicht gehörende Arbeitseinsatz $\hat{a}$ dem Wert null. Dies führt auf Grund der Gleichung (7.16) zu $\hat{v}_1 = -\hat{\lambda}\, \frac{d_{max}}{k_1}$. Wegen der Gültigkeit der Beziehung (7.26) impliziert dies $\hat{\mu} < 0$. Diese Ungleichung ist ökonomisch nicht plausibel, da sie aussagt, dass der Schattenpreis des Prinzipalen für zusätzliche Erfahrung des Agenten negativ ist. In den Kapiteln 5 und 6 konnte jedoch gezeigt werden, dass eine höhere Erfahrung des Agenten für den Prinzipalen zu höheren Überschüssen führt. Aus diesen Gründen wird angenommen, dass die pro Zeiteinheit hergestellte Menge für $t \to \infty$ im Gleichgewicht mit $\dot{n} = m$ konstant ist.

Auf Grund von

$$\frac{\partial \eta(t)}{\partial n(t)} > 0 \tag{7.35}$$

[5] Vgl. Feichtinger und Hartl (1986), S. 84, Lemma 4.1.
[6] Vgl. Feichtinger und Hartl (1986), S. 39.

und

$$\lim_{n(t)\to\infty} \eta(t) = 1 \tag{7.36}$$

wird dies nur für $n(t) \to \infty$ erreicht. Im Gleichgewicht besitzt der Agent folglich eine Erfahrung von $n(t) \to \infty$ und es gilt $\hat{\eta} = 1$. Nur für Agenten mit einer Grenzproduktivität von eins, also mit einer Erfahrung nahe unendlich, tritt somit eine Gleichgewichtslösung ein.

Für die Schattenpreisfunktion des Agenten $\hat{\lambda}$ gilt im Gleichgewicht $\dot{\hat{\lambda}} = 0$.[7] Damit erfüllt $\hat{\lambda}$ die Gleichung

$$0 = i_A \hat{\lambda} - \frac{\hat{\eta}^2}{k_1} b\, k_2\, n(t)^{-1-b} \left(\hat{v}_1\, \hat{a} + \hat{\lambda}\, \hat{a}\, \frac{d_{max}}{k_1} \right). \tag{7.37}$$

Diese Beziehung ist äquivalent zu

$$\hat{\lambda} \left(i_A - \frac{\hat{\eta}^2}{k_1} b\, k_2\, n(t)^{-1-b}\, \hat{a}\, \frac{d_{max}}{k_1} \right) = \frac{\hat{\eta}^2}{k_1} b\, k_2\, n(t)^{-1-b}\, \hat{v}_1\, \hat{a}. \tag{7.38}$$

Wird beachtet, dass $\hat{v}_1$ als der dem Agenten gezahlte Gewinnanteil und $\hat{a}$ als der Arbeitseinsatz des Agenten in ihrer Höhe begrenzt sind, so folgt wegen

$$\lim_{n(t)\to\infty} n(t)^{-1-b} = 0 \tag{7.39}$$

auch, dass

$$\hat{\lambda} \cdot i_A = 0 \tag{7.40}$$

gilt. Somit ist $\hat{\lambda} = 0$ für $i_A > 0$ notwendige Bedingung für ein Gleichgewicht. Damit ist im Gleichgewicht der Schattenpreis der zusätzlichen Erfahrung für den Agenten null. Dies ist dadurch erklärbar, dass der Agent wegen $\hat{\eta} = 1$ bereits über die höchstmögliche Grenzproduktivität verfügt und eine Erhöhung seiner Erfahrung dadurch für ihn wertlos wird.

Aus Gleichung (7.16) kann wegen $\hat{\eta} = 1$ und $\hat{\lambda} = 0$ auf $\hat{a} = \hat{v}_1$ geschlossen werden. Die Höhe des Arbeitseinsatzes entspricht für $t \to \infty$ demnach dem gezahlten Gewinnanteil.

---

[7] Vgl. Feichtinger und Hartl (1986), S. 39.

Da im Gleichgewicht $\dot{\hat{\mu}} = 0$ gilt,[8] folgt

$$0 = i_P \hat{\mu} - 2\hat{\eta} \cdot \frac{k_1 k_2 b n(t)^{-1-b}}{(k_1 + k_2 n^{-b})^2} \cdot \left(\hat{v}_1 + \hat{\lambda} \frac{d_{max}}{k_1}\right) \cdot \left(1 - \frac{1}{2}\left(\hat{v}_1 + \hat{\lambda} \frac{d_{max}}{k_1}\right) + \hat{\mu} \frac{d_{max}}{k_1}\right) \tag{7.41}$$

und wegen $\hat{\lambda} = 0$ sowie $\hat{\eta} = 1$ damit auch

$$\hat{\mu} \cdot i_p = 2 \cdot \frac{k_1 k_2 b n(t)^{-1-b}}{(k_1 + k_2 n^{-b})^2} \left(\hat{v}_1 - \frac{1}{2}\hat{v}_1^2 + \hat{\mu}\hat{v}_1 \frac{d_{max}}{k_1}\right). \tag{7.42}$$

Diese Beziehung ist äquivalent zu

$$\hat{\mu}\left(i_P - 2 \cdot \frac{k_1 k_2 b n(t)^{-1-b}}{(k_1 + k_2 n^{-b})^2} \hat{v}_1 \frac{d_{max}}{k_1}\right) = 2 \cdot \frac{k_1 k_2 b n(t)^{-1-b}}{(k_1 + k_2 n^{-b})^2} \left(\hat{v}_1 - \frac{1}{2}\hat{v}_1^2\right). \tag{7.43}$$

Da $\hat{v}_1$ beschränkt ist und $\lim_{n(t) \to \infty} n(t)^{-1-b} = 0$ gilt, folgt aus dieser Gleichung $\hat{\mu} = 0$ für $i_p > 0$.

Folglich ist auch dem Prinzipalen im Gleichgewicht zusätzliche Erfahrung des Agenten nur noch einen Schattenpreis von null wert. Dies ist damit erklärbar, dass Letzterer wegen $\hat{\eta} = 1$ keine weitere Erhöhung seiner Grenzproduktivität erreichen kann. Aus $\hat{\eta} = 0$, $\hat{\lambda} = 0$ und $\hat{\mu} = 0$ folgt wegen Gleichung (7.26) die Beziehung

$$\hat{v}_1^* = \frac{1}{1 + r\sigma^2}. \tag{7.44}$$

Das Fixgehalt des Agenten entspricht im Gleichgewicht auf Grund der Gültigkeit der Gleichung (7.20)

$$\hat{v}_2^* = -\frac{1}{2}\hat{v}_1^2 + \frac{r}{2}\hat{v}_1^2 \sigma^2 \tag{7.45}$$

und ergibt sich somit als Reservationsnutzen abzüglich der gezahlten variablen Vergütung und zuzüglich der zu zahlenden Risikoprämie. Hinreichende Bedingungen für ein Gleich-

---

8 Vgl. Feichtinger und Hartl (1986), S. 39.

gewicht im dynamischen Modell können folglich durch

$$\hat{\eta} = 1 \tag{7.46}$$
$$\hat{a} = \hat{v}_1 \tag{7.47}$$
$$\hat{v}_1 = \frac{1}{1 + r\sigma^2} \tag{7.48}$$
$$\hat{v}_2^* = -\frac{1}{2}\hat{v}_1^2 + \frac{r}{2}\hat{v}_1^2\sigma^2 \tag{7.49}$$

angegeben werden.

Dieser Gleichgewichtspunkt entspricht damit der in Kapitel 4.2.2 diskutierten Lösung des LEN-Modells. Dies erscheint plausibel, da für $n(t) \to \infty$ die Grenzproduktivität des Agenten gegen eins konvergiert und auf Grund der Konvexität von $\eta(t)$ größere Veränderungen der Erfahrung $n(t)$ nur noch marginale Auswirkungen auf $\eta(t)$ haben, falls $n(t)$ genügend gross ist. Die durch Übertragung von Erfahrung auf andere Zeitpunkte entstandenen intertemporalen Beziehungen verschwinden so mit größer werdender Erfahrung.

Die Berücksichtigung dynamisch-stetiger Beziehungen erscheint wichtig, da insbesondere bei Agenten mit geringer Erfahrung die in einem Zeitpunkt t hergestellte Menge Auswirkungen auf die Grenzproduktivität der Folgeperioden hat. Dies wird sowohl im Entscheidungsproblem des Prinzipalen als auch im Optimierungsproblem des Agenten durch die Einbeziehung der Schattenpreisfunktionen $\lambda(t)$ und $\mu(t)$ deutlich. Die Berücksichtigung von Übungseffekten beeinflusst somit die Wahl der vom Prinzipalen vorgegebenen Entlohnungsparameter ebenso wie den Arbeitseinsatz des Agenten. Dies stellt im Gegensatz zu den in Kapitel 6 gewonnenen Erkenntnissen dar, dass Letzterer sich bei der Wahl seines Arbeitseinsatzes nicht nur an seiner gegenwärtigen Grenzproduktivität und der vom Prinzipalen gezahlten variablen Vergütung orientiert. Da das System (7.30) jedoch nicht analytisch lösbar ist, lassen sich keine allgemeinen Aussagen über den Einfluss dieser intertemporalen Effekte treffen.

8 Schlussbetrachtung

Die in der vorliegenden Arbeit betrachteten Modelle zeigen die Wichtigkeit der Berücksichtigung von Übungseffekten bei der Vertragsgestaltung zwischen Prinzipal und Agent auf. Mit Hilfe von Lernkurven und den psychologischen Theorien des kognitiven Fertigkeitserwerbs wurden Wege gefunden, menschliches Problemlöseverhalten in das LEN-Modell nach *Spremann* zu integrieren. Die daraus resultierenden Ergebnisse unterscheiden sich insbesondere für ungeübte Agenten wesentlich von der zu Grunde liegenden Literatur.[1]

Der Einfluss von vor Beginn der Vertragsbeziehung bestehenden Übungseffekten zeigte sich bereits in einem komparativ-statischen Modell. Es wurde eine einperiodige Vertragsbeziehung zwischen Prinzipal und Agent modelliert, bei der ausschließlich die vor Vertragsabschluss vorhandene Erfahrung des Agenten Berücksichtigung fand. Die durch die vertragliche Beziehung gewonnene Übung sollte von beiden Parteien nicht in die Findung der optimalen Parameter integriert werden.
Bei dieser Form der vertraglichen Beziehung zeigte sich, dass erfahrenere Agenten ein vergleichsweise geringes Fixum und einen hohen Gewinnanteil erhalten. Der aus dem mit ihnen geschlossenen Vertrag resultierende Überschuss des Prinzipalen ist deutlich höher als bei unerfahrenen Agenten. Dies macht zum einen die Relevanz der vor Vertragsabschluss vorhandenen Erfahrung des Agenten für den Prinzipalen deutlich. Zum Anderen kann damit die in der Praxis auftretende Präferenz von Arbeitgebern für Angestellte mit bestehender Berufserfahrung erklärt werden.

In einem zweiperiodigen LEN-Modell wurde weiter untersucht, inwieweit beide Parteien die Auswirkung der Wahl ihrer Parameter in der ersten Periode auf die jeweiligen Ergebnisse der Folgeperiode berücksichtigen. Dabei wurde insbesondere an Beispielfällen deutlich, dass der Prinzipal durch die Wahl eines höheren zu zahlenden Gewinnanteils in der Entlohnung des Agenten während der ersten Periode die Grenzproduktivität des Letzteren zu seinen Gunsten steigern kann. Intertemporale Effekte durch den Zuwachs an Übung des Agenten finden hier ausdrücklich auch in den erzielten Ergebnissen Berücksichtigung.

---

[1] Vgl. Spremann (1987), Indjejikian und Nanda (1999), Dietrich (2003) und Holmstrøm (1999).

	a^*	v_1^*	v_2^*
LEN-Modell nach *Spremann*	$\frac{1}{1+r\sigma^2}$	$\frac{1}{1+r\sigma^2}$	$\frac{r\sigma^2-1}{2(1+r\sigma^2)}$
Statisch-komparatives Modell	$\frac{\eta^3}{\eta^2+r\sigma^2}$	$\frac{\eta^2}{\eta^2+r\sigma^2}$	$-\frac{\eta^4(\eta^2-r\sigma^2)}{2(\eta^2+r\sigma^2)^2}$
Zweiperiodiges Modell $t=1$	$v_{1,1}\cdot\eta_1$	Lösung von $\frac{\partial\pi}{\partial v_{1,1}} = \eta_1^2 - \eta_1^2\, v_{1,1} - r\,\sigma^2\, v_{1,1} + \frac{1}{1+i_P}\frac{\partial\pi_2}{\partial v_{1,1}} \stackrel{!}{=} 0$	$-\frac{v_{1,1}^2\,\eta_1^2}{2} + \frac{r}{2}\,\sigma^2\, v_{1,1}^2$
$t=2$	$\frac{\eta_2^3}{\eta_2^2+r\,\sigma^2}$	$\frac{\eta_2^2}{\eta_2^2+r\,\sigma^2}$	$-\frac{\eta_2^6-\eta^4\,r\sigma^2}{2(\eta_2^2+r\sigma^2)^2}$
Dynamisches Modell	$\eta(t)(v_1(t)+\lambda(t)\,\frac{d_{max}}{k_1})$	$\frac{\eta(t)^2(1-\lambda(t)\,\frac{d_{max}}{k_1}+\mu(t)\,\frac{d_{max}}{k_1})}{\eta(t)^2+r\,\sigma^2}$	$-v_1(t)\,a^*(t)\,\eta(t)+\frac{a^*(t)^2}{2}+\frac{r}{2}v_1(t)\,\sigma^2$

Tabelle 8.1: Optimale Lösungen der vorgestellten Prinzipal-Agent-Probleme im Vergleich.

Die getroffenen Aussagen sind jedoch auf Grund der mangelnden Lösbarkeit des Optimierungsproblems nicht allgemeingültig und beruhen nur auf den untersuchten Beispielfällen.

Das zweiperiodige LEN-Modell wurde weiter zu einem dynamisch-stetigen Modell mit festem Endzeitpunkt erweitert. Hier zeigte sich, das sowohl Prinzipal als auch Agent berücksichtigten, dass die Arbeitsanstrengung des Agenten zu einem Zeitpunkt t Auswirkungen auf die Ergebnisse der Folgeperioden hat. Da das Optimierungsproblem des Prinzipalen hier jedoch im Allgemeinen nicht geschlossen lösbar ist, ließen sich keine weiteren Aussagen über die Höhe der optimalen Parameter treffen.

Die dargestellten Ergebnisse verdeutlichen die Wichtigkeit der Integration von Übungseffekten in eine optimale Vertragsgestaltung gemäss der Prinzipal-Agent-Theorie. In allen drei untersuchten Modellen hat das Ausmaß der vorhandenen Übung Einfluss auf Entlohnung und Arbeitseinsatz des Agenten. In beiden dynamischen Ansätzen wird vom Prinzipalen bei der Vertragsgestaltung explizit berücksichtigt, dass der Agent im Verlauf der vertraglichen Beziehung zusätzliche Übung erwirbt. Die Ergebnisse aller drei Modelle werden zusammenfassend in Tabelle 8.1 für $\overline{U}_A = 0$ dargestellt.

Bei der Untersuchung wurde insbesondere deutlich, dass Übungseffekte nur für sehr geübte Agenten mit $n(t) \to \infty$ vernachlässigt werden können. Erst dann erfolgt eine Annäherung an das LEN-Modell nach *Spremann*.

Aus den Ergebnissen wird weiter die Bedeutung der Berücksichtigung intertemporaler Effekte bei der Modellierung dynamischer Prinzipal-Agent-Beziehungen deutlich. Auch diese können erst für sehr geübte Agenten vernachlässigt werden.

Die in dieser Arbeit geführten Analysen deuten die Wichtigkeit der Integration von Übungseffekten in die Modellierung von Prinzipal-Agent-Beziehungen an. Dabei wurden mit der Beschränkung auf das LEN-Modell nach *Spremann* Einschränkungen getroffen, die zwar für die zumindest teilweise Lösbarkeit des Problems von Bedeutung waren, wichtige Fragestellungen jedoch unberücksichtigt lassen. Dies betrifft etwa die Frage, inwieweit sich der Reservationsnutzen des Agenten durch die Erhöhung seiner Erfahrung verändert oder wie die Entlohnung mehrerer Agenten bei der Berücksichtigung von Übungseffekten zu gestalten ist.

A Herleitung des Sicherheitsäquivalents im LEN-Modell

Es gilt

$$U_A(S\ddot{A}(a)) = E(U_A(a)).$$

Hier folgt unter Einbeziehung der Vorausetzungen des LEN-Modells:

$$\begin{aligned}
U_A(S\ddot{A}) &= E(-e^{-r\,s}) \quad \text{mit} \quad s = v_1\,x + v_2 - \frac{a^2}{2} \\
&= \int_{-\infty}^{\infty} -e^{-r \cdot s} \cdot \frac{1}{\sqrt{2\pi Var(s)}}\, e^{-\frac{(s-E(s))^2}{2\,Var(s)}}\, ds \\
&= -e^{\frac{r^2\,Var(s)}{2}} e^{-E(s)r} \int_{-\infty}^{\infty} e^{-\frac{r^2 Var(s)}{2}} e^{E(s)r} e^{-r \cdot s} \cdot \frac{1}{\sqrt{2\pi\,Var(s)}} e^{-\frac{(s-E(s))^2}{2\,Var(s)}}\, ds \\
&= -e^{\frac{r^2\,Var(s)}{2}} e^{-E(s)\,r} \int_{-\infty}^{\infty} \frac{1}{\sqrt{2\pi\,Var(s)}} e^{-\frac{(s-(E(s)-r\,Var(s)))^2}{2\,Var(s)}}\, ds \\
&= -e^{\frac{r^2\,Var(s)}{2}} e^{-E(s)\,r}
\end{aligned}$$

Daraus leitet sich

$$\begin{aligned}
& u^{-1}(s) = -\frac{1}{r}\ln(-s) \\
\Rightarrow\quad & S\ddot{A}(a) = -\frac{1}{r}\ln(e^{-r(E(s)-r\,Var(s)/2)}) = v_1\,\eta\,a + v_2 - \frac{a^2}{2} - \frac{r}{2} v_1^2 \sigma^2
\end{aligned}$$

ab.

B Mathematica-Programm zur Ermittlung der optimalen Parameterwerte im zweiperiodigen Modell

$Remove["Global`*"]$

$eta1 = k1/(k1 + k2 * n1^{-}b)$
Definition von η_1

$eta2 = k1/(k1 + k2 * (a1 * eta1 * d/k1 + n1)^{-b})$
Definition von η_2

$a2 = eta2 * v12v12 = eta2^2/(eta2^2 + r * sigma)$
Definition von a_2

$U = 0$

$v22 = U - (eta2^6 - eta2^4 * r * sigma)/(2 * (eta2^2 + r * sigma)^2)$
Definition von $v_{2,2}$

$a1stern = eta1 * v11$
*Definition von a_1^* *

$v21 = U - (v11 * a1stern * eta1 - a1stern^2/2 - r/2 * sigma * v11^2)$
Definition von $v_{2,1}$

$eta2neu = k1/(k1 + k2 * (a1stern * eta1 * d/k1 + n1)^{-b})$
*Neudefinition von η_2 mit Hilfe von a_1^* *

$v12neu = eta2neu^2/(eta2neu^2 + r * sigma)$
Definition von $v_{1,2}$

$v22neu = U - (eta2neu^6 - eta2neu^4 * r * sigma)/(2 * (eta2neu^2 + r * sigma)^2)$
*Neudefinition von $v_{2,2}$ mit Hilfe von $v_{1,2}^*$ und a_1^* *

$a2neu = eta2neu * v12neu$
Neudefinition von a_2^* mit Hilfe von $v_{1,2}^*$ und η_2

$Maxprinzipal1 = a1stern * eta1 - v11 * a1stern * eta1 - v21 + 1/(1+i)(a2neu * eta2neu - v12neu * a2neu * eta2neu - v22neu)$

Zielfunktion des Prinzipalen

$Maxprinzipal1abl = D[Maxprinzipal1, v11]$

Ableitung der Zielfunktion

$v11templ = FindRoot[\% == 0, v11, 0.5, WorkingPrecision -> 3]$

$v11temp = v11/.\%$

*Auflösung der Ableitung der Zielfunktion und numerische Berechnung von $v_{1,1}^*$ *

$a1sternneu = eta1 * v11temp$

*Numerische Bestimmung von a_1^* *

$v21sternneu = U - (v11temp * a1sternneu * eta1 - a1sternneu^2/2 - r/2 * sigma * v11temp^2)$

*Numerische Bestimmung von $v_{2,1}^*$ *

$eta2neu = k1/(k1 + k2 * (a1sternneu * eta1 * d/k1 + n1)^{-b})$

Numerische Bestimmung von η_2

$v12neu = eta2neu^2/(eta2neu^2 + r * sigma)$

*Numerische Bestimmung von $v_{1,2}^*$ *

$a2neu = eta2neu * v12neu$

*Numerische Bestimmung von a_2^* *

$v22neu = U - (eta2neu^6 - eta2neu^4 * r * sigma)/(2 * (eta2neu^2 + r * sigma)^2)$

*Numerische Bestimmung von $v_{2,2}^*$ *

C Parameter des LEN-Modells für eine zweiperiodige Vertragsbeziehung mit gleichen Entlohnungsparametern für *t=1* und *t=2*

	10	20	30	40	50
v_1	0,732829	0,761765	0,777302	0,787719	0,795461
a_1	0,191902	0,215376	0,229613	0,239923	0,248033
v_2	-0,011700	-0,015940	-0,018809	-0,021025	-0,022851
a_2	0,191945	0,215405	0,229635	0,239942	0,248049
π_{LEN}	0,047974	0,058130	0,064747	0,069756	0,073826

Tabelle C.1: LEN-Lösung für $b = 0,152$, $k_1 = 5$, $k_2 = 20$, $d_{max} = 2$, $i = 0,1$, $r = 0,1$, $\sigma^2 = 0,25$.

	10	20	30	40	50
v_1	0,732829	0,761765	0,777302	0,787719	0,795461
a_1	0,191902	0,215376	0,229613	0,239923	0,248033
v_2	-0,011700	-0,015940	-0,018809	-0,021025	-0,022851
a_2	0,192751	0,215942	0,230054	0,240291	0,248353
π_{LEN}	0,048076	0,058196	0,064797	0,069797	0,073861

Tabelle C.2: LEN-Lösung für $b = 0,152$, $k_1 = 5$, $k_2 = 20$, $d_{max} = 40$, $i = 0,1$, $r = 0,1$, $\sigma^2 = 0,25$.

	10	20	30	40	50
v_1	0,890132	0,920779	0,933063	0,939962	0,944478
a_1	0,400605	0,496343	0,550814	0,588060	0,615918
v_2	-0,070338	-0,112580	-0,140815	-0,161863	-0,178527
a_2	0,401421	0,496972	0,551316	0,588477	0,616272
π_{LEN}	0,172171	0,255440	0,310417	0,351209	0,383423

Tabelle C.3: LEN-Lösung für $b = 0,515$, $k_1 = 5$, $k_2 = 20$, $d_{max} = 2$, $i = 0,1$, $r = 0,1$, $\sigma^2 = 0,25$.

	10	20	30	40	50
v_1	0,890132	0,920779	0,933063	0,939962	0,944478
a_1	0,400605	0,496343	0,550814	0,588060	0,615918
v_2	-0,070338	-0,112580	-0,140815	-0,161863	-0,178527
a_2	0,415939	0,508296	0,560438	0,596073	0,622757
π_{LEN}	0,173503	0,256330	0,311078	0,351731	0,383852

Tabelle C.4: LEN-Lösung für $b = 0,515$, $k_1 = 5$, $k_2 = 20$, $d_{max} = 40$, $i = 0,1$, $r = 0,1$, $\sigma^2 = 0,25$.

	10	20	30	40	50
v_1	0,519288	0,607800	0,650178	0,676111	0,694012
a_1	0,233706	0,327633	0,383819	0,422990	0,452583
v_2	-0,002029	-0,019038	-0,034027	-0,046605	-0,057261
a_2	0,239064	0,332934	0,388556	0,427182	0,456311
π_{LEN}	0,102531	0,170636	0,218070	0,254155	0,283084

Tabelle C.5: LEN-Lösung für $b = 0,515$, $k_1 = 5$, $k_2 = 20$, $d_{max} = 40$, $i = 0,1$, $r = 0,75$, $\sigma^2 = 0,25$.

	10	20	30	40	50
v_1	0,519288	0,607800	0,650178	0,676111	0,694012
a_1	0,233706	0,327633	0,383819	0,422990	0,452583
v_2	-0,002029	-0,019038	-0,034027	-0,046605	-0,057261
a_2	0,239064	0,332934	0,388556	0,427182	0,456311
π_{LEN}	0,096538	0,160756	0,205496	0,239534	0,266822

Tabelle C.6: LEN-Lösung für $b = 0,515$, $k_1 = 5$, $k_2 = 20$, $d_{max} = 40$, $i = 0,25$, $r = 0,75$, $\sigma^2 = 0,25$.

	10	20	30	40	50
v_1	0,519288	0,607800	0,650178	0,676111	0,694012
a_1	0,233706	0,327633	0,383819	0,422990	0,452583
v_2	-0,002029	-0,019038	-0,034027	-0,046605	-0,057261
a_2	0,239064	0,332934	0,388556	0,427182	0,456311
π_{LEN}	0,107525	0,178869	0,228548	0,266339	0,296635

Tabelle C.7: LEN-Lösung für $b = 0,515$, $k_1 = 5$, $k_2 = 20$, $d_{max} = 40$, $i = 0$, $r = 0,75$, $\sigma^2 = 0,25$.

Literaturverzeichnis

[Alchian 1963] ALCHIAN, A.: Reliability of progress curves in airframe production. In: *Econometrica* 31 (1963), S. 679–693

[Allwood und Lee 2004] ALLWOOD, J. M. ; LEE, W. L.: The impact of job rotation on problem solving skills. In: *International Journal of Production Research* 42 (2004), S. 865–881

[Anderson 1993] ANDERSON, John R.: *Rules of the mind.* Hillsdale : Erlbaum, 1993

[Anderson 1996] ANDERSON, John R.: *Kognitive Psychologie.* 2. Auflage. Berlin : Spektrum-Verlag, 1996

[Arrow 1962] ARROW, K. J.: The Economic Implications of learning by doing. In: *Review of Economic Studies* 29 (1962), S. 155–173

[Arrow 1985] ARROW, K. J.: The Economies of Agency. In: PRATT, J. W. (Hrsg.) ; ZECKHAUSER, R. J. (Hrsg.): *Principals and Agents: The Structure of Business.* Boston : Harvard University Press, 1985

[Arzi und Shtub 1997] ARZI, Y. ; SHTUB, A.: Learning and forgetting in mental and mechanical tasks: a comparative study. In: *IIE Transactions* 29 (1997), S. 759–768

[Asher 1956] ASHER, H.: *Cost-quantity relationships in airframe industry.* Santa Monica : RAND-Report R-291, 1956

[Bailey 1989] BAILEY, C. D.: Forgetting and the learning curve: a labratory study. In: *Management Science* 35 (1989), S. 340–352

[Bailey und McIntyre 1997] BAILEY, Ch. D. ; MCINTYRE, E. V.: The Relation between fit and prediction for alternative forms of learning curves and relearning curves. In: *IIE Transactions* 29 (1997), S. 487–495

[Baloff 1971] BALOFF, N.: Extensions of the learning curve - some experimental results. In: *Operational Research Quaterly* 22 (1971), S. 329–340

[Bamberg und Coenenberg 2000] BAMBERG, G. ; COENENBERG, A. G.: *Betriebswirtschaftliche Entscheidungslehre.* München : Vahlen, 2000

[Baur 1967] BAUR, W.: *Neue Wege der betrieblichen Planung.* Berlin : Springer-Verlag, 1967

[Belkaoui 1986] BELKAOUI, A.: *The learning curve - A Management Accounting Tool.* Westport, London : Quorum Books, 1986

[Bellmann 1967] BELLMANN, R. E.: *Introduction to the mathematical Theory of Control Theory.* New York : Academic Press, 1967

[Blickle-Liebersbach 1989] BLICKLE-LIEBERSBACH, M.: *Agency-Theorie: Rahmenbedingungen und Entlohnung.* Ulm : Diss., 1989

[Chen und Manes 1991] CHEN, J. T. ; MANES, R. P.: Learning Curves and appropriate regression methodologies. In: *Issues in Accounting Education* 6 (1991), S. 284–300

[Cochran 1960] COCHRAN, E. B.: New concepts of the Learning Curve. In: *The Journal of industrial Engineering* 11 (1960), S. 317–327

[Coenenberg 1970] COENENBERG, A. G.: Die Bedeutung fertigungswirtschaftlicher Lernvorgänge für Kostentheorie, Kostenrechnung und Bilanz. In: *Kostenrechnungspraxis* 14 (1970), S. 111–116

[Crossman 1959] CROSSMAN, E. R. F. W.: A Theory of the acquisition of speed-skill. In: *Ergonomics* 3 (1959), S. 153–166

[Dar-El 2000] DAR-EL, E.: *Human learning: From Learning Curves to Learning Organizations.* Boston : Kluwer, 2000

[DeJong 1957] DEJONG, R. J.: The effffects of increasing skill on cycle-time and its consequenzes for time-standards. In: *Ergonomics* 1 (1957), S. 51–60

[Delaney u. a. 1998] DELANEY, P. F. ; REDER, L. M. ; STASZEWSKI, J. J. ; RITTER, F. E.: The strategic-specific nature of improvement: The power law applies by strategy within task. In: *Psychological Science* 9 (1998), S. 1–7

[Demougin und Jost 2001] DEMOUGIN, D. ; JOST, P.-J.: Theoretische Grundlagen der Prinzipal-Agenten-Theorie. In: JOST, P.-J. (Hrsg.): *Die Prinzipal-Agenten-Theorie in der Betriebswirtschaftslehre.* Stuttgart : Schäffer-Poeschel, 2001

[Dietrich 2003] DIETRICH, R.: Das mehrperiodische LEN-Modell mit Kapitalmarkt. In: *Wirtschaftswissenschaftliches Studium* 32 (2003), S. 451–456

[Dinopoulus u. a. 1995] DINOPOULUS, E. ; LEWIS, T. R. ; SAPPINGTON, D. E. M.: Optimal industrial targeting with unknown learning-by-doing. In: *Journal of International Economics* 38 (1995), S. 275–295

[Edelmann 1996] EDELMANN, Walter: *Lernpsychologie*. 2. Auflage. Weinheim : Psychologie Verlags Union, 1996

[Ericson u. a. 1993] ERICSON, K. A. ; KRAMPE, Ralf T. ; TESCH-RÖMER, Clemens: The role of deliberate practice in the aquisition of expert performance. In: *Psychological Review* 100 (1993), Nr. 3, S. 363–406

[Feichtinger und Hartl 1986] FEICHTINGER, G. ; HARTL, R. F.: *Optimale Kontrolle ökonomischer Prozesse*. Berlin : de Gruyter, 1986

[Fine 1988] FINE, C.: A quality control model with learning effects. In: *Operations Research* 36 (1988), S. 437–444

[Globerson und Gold 1997] GLOBERSON, S. ; GOLD, D.: Statistical Attributes of the power learning curve model. In: *International Journal of Production Research* 35 (1997), S. 699–711

[Grossman und Hart 1983] GROSSMAN, S. J. ; HART, O. D.: An analysis of the Principal-Agent-Problem. In: *Econometrica* 51 (1983), S. 7–45

[Haider und Frensch 1996] HAIDER, Hilde ; FRENSCH, Peter A.: The role of information reduction in skill aquisition. In: *Cognitive Psychology* 30 (1996), S. S. 307–337

[Haider und Frensch 1997] HAIDER, Hilde ; FRENSCH, Peter A.: Lernmechanismen des kognitiven Fertigkeitserwerbs. In: *Zeitschrift für Experimentelle Psychologie* 44 (1997), Nr. 4, S. 521–560

[Haider und Frensch 1999a] HAIDER, Hilde ; FRENSCH, Peter A.: Eye movement during skill aquisition: More evidence for the information reduction hypothesis. In: *Journal of experimental psychology: learning, memory and cognition* 25 (1999), S. 172–190

[Haider und Frensch 1999b] HAIDER, Hilde ; FRENSCH, Peter A.: Information reduction during skill aquisition: The influence of task instruction. In: *Journal of Experimental Psychology: Applied* 5 (1999), S. 1–23

[Haider und Frensch 2002] HAIDER, Hilde ; FRENSCH, Peter A.: Why aggregated learning follows the Power Law of Practice when Individual Learning does not: Comment on Rickard (1997, 1999), Delaney et al. (1998), and Palmeri (1999). In: *Journal of Experimental Psychology* 28 (2002), Nr. 2, S. 392–406

[Haider und Kluwe 1994] HAIDER, Hilde ; KLUWE, Reiner H.: Erwerb kognitiver Leistungen. Eine experimentelle Prüfung der 'Instance Theory' von Longan (1988). In: *Zeitschrift für experimentelle und angewandte Psychologie* 41 (1994), Nr. Heft 1, S. S. 39–77

[Harris und Raviv 1979] HARRIS, M. ; RAVIV, A.: Optimal Incentive Contracts with Imperfect Information. In: *Journal of Economic Theory* 20 (1979), S. 231–259

[Henfling 1978] HENFLING, M.: *Lernkurventheorie.* Gerbrunn : Verlag A. Lehmann, 1978

[Hieber 1991] HIEBER, W. L.: *Lern- und Erfahrungskurveneffekte und ihre Bestimmung in der flexibel automatisierten Produktion.* München : Verlag Franz Vahlen, 1991

[Hirschmann 1964] HIRSCHMANN, W. B.: Profit from the Learning Curve. In: *Harvard Business Review* 42 (1964), S. 125–139

[Hofmann 2001] HOFMANN, Ch.: *Anreizorientierte Controllingsysteme.* Stuttgart : Schäffer-Poeschel Verlag, 2001

[Holmstrøm 1979] HOLMSTRØM, B.: Moral Hazard und Observability. In: *Bell Journal of Economics* 10 (1979), S. 74–91

[Holmstrøm 1999] HOLMSTRØM, B.: Managerial Incentive Problems: A Dynamic Perspective. In: *The Review of Economic Studies* 66 (1999), S. 169–182

[Holmstrøm und Milgrom 1987] HOLMSTRØM, B. ; MILGROM, P.: Aggregation und Linearity in the Provision of intertemporal incentives. In: *Econometrica* 55 (1987), S. 303–328

[Indjejikian und Nanda 1999] INDJEJIKIAN, R. ; NANDA, D.: Dynamic Incentives and responsibility accounting. In: *Journal of Accounting and Economics* 27 (1999), S. 177–201

[Ittner u. a. 2001] ITTNER, Ch. D. ; NAGAR, V. ; RAJAN, M. V.: An empirical examination of dynamic quality-based learning models. In: *Management Sciences* 47 (2001), S. 563–578

[Jost 2000] JOST, P.-J.: *Ökonomische Organisationstheorie.* Wiesbaden : Gabler, 2000

[Jost 2001] JOST, P.-J.: Die Prinzipal-Agenten-Theorie im Unternehmenskontext. In: JOST, P.-J. (Hrsg.): *Die Prinzipal-Agenten-Theorie in der Betriebswirtschaftslehre.* Stuttgart : Schäffer-Poeschel, 2001

[Kamien und Schwartz 1971] KAMIEN, M. I. ; SCHWARTZ, M. L.: Optimal maintenance and sale age of a machine subject to failure. In: *Management Science* 17 (1971), S. 495–504

[Kantor und Zangwill 1991] KANTOR, P. B. ; ZANGWILL, W. I.: Theoretical Foundation for a learning rate budget. In: *Management Science* 37 (1991), S. 315–330

[Knoblich 2002] KNOBLICH, Günther: Problemlösen und logisches Schliessen. In: MÜSSELER, J. (Hrsg.) ; PRINZ, W. (Hrsg.): *Allgemeine Psychologie.* Berlin : Spektrum, 2002

[Koch 2002] KOCH, Iring: Lernen und Gedächtnis. In: MÜSSELER, J. (Hrsg.) ; PRINZ, W. (Hrsg.): *Allgemeine Psychologie.* Berlin : Spektrum, 2002

[Köhler 1921] KÖHLER, Wolfgang: *Intelligenzprüfung an Menschenaffen.* Berlin : Springer, 1921

[Kolers 1979] KOLERS, P. A.: A pattern analysing basis of recognition. In: CERMAK, L. S. (Hrsg.) ; CRAIK, F. I. M. (Hrsg.): *Levels of processing in human memory.* Hillsdale : Erlbaum, 1979

[Krech und Crutchfield 1992] KRECH, David ; CRUTCHFIELD, Richard S.: *Grundlagen der Psychologie.* Weinheim : Psychologie Verlags Union, 1992

[Kürsten 2002] KÜRSTEN, W.: „Unternehmensbewertung unter Unsicherheit", oder: Theoriedefizit einer künstlichen Diskussion über Sichheitsäquivalent- und Risikozuschlagsmethode - Anmerkungen (nicht nur) zu dem Beitrag von Bernhard Schwetzler. In: *Zeitschrift für betriebswirtschaftliche Forschung* 54 (2002), S. 128–144

[Laffont und Tirole 1988] LAFFONT, J.-J. ; TIROLE, J.: The dynamics of incentive contracts. In: *Econometrica* 56 (1988), S. 1153–1175

[Laffont und Tirole 1993] LAFFONT, J.-J. ; TIROLE, J.: *A theory of incentives in procurement and regulation.* Cambridge : MIT Press, 1993

[Lapre u. a. 2000] LAPRE, M. A. ; MUKHERJEE, A. S. ; WASSENHOVE, L. N. van: Behind the Learning Curve: Linking learning activities to waste reduction. In: *Management Sciences* 46 (2000), S. 597–611

[Laux und Schenk-Mathes 1992] LAUX, H. ; SCHENK-MATHES, H. Y.: *Lineare und Nichtlineare Anreizsysteme.* Heidelberg : Physica-Verlag, 1992

[Levy 1965] LEVY, F. K.: Adaption in the production process. In: *Management Science* 11 (1965), S. 136–154

[Litwack 1993] LITWACK, J. M.: Coordination, incentives, and the ratchet effect. In: *RAND Journal of Economics* 24 (1993), S. 271–285

[Logan 1988] LOGAN, Gordon G.: Toward an instance theory of automatization. In: *Psychological Review* 95 (1988), Nr. 4, S. 492–527

[Luhmer 2000] LUHMER, A.: A Principal-Agent-Problem in continuous time. In: DOCKNER, E. J. (Hrsg.) ; HARTL, R. F. (Hrsg.) ; LUPTAČIK, M. (Hrsg.) ; SORGER, G. (Hrsg.): *Optimization, Dynamics, and Economic Analysis.* Heidelberg : Physica-Verlag, 2000

[Milgrom und Roberts 1992] MILGROM, P. ; ROBERTS, J.: *Economics, Organization and Management.* Englewood Cliffs, NJ : Prentice Hall, 1992

[Mirrlees 1974] MIRRLEES, J. A.: *The Theory of moral hazard und unobservable behavior - Part I.* Mimeo : Oxford, 1974

[Neuss 1989] NEUSS, W.: *Ökonomische Agency-Theorie und Kapitalmarktgleichgewicht.* Wiesbaden : Gabler, 1989

[Neves und Anderson 1981] NEVES, D. M. ; ANDERSON, J. R.: Knowledge compilation: Mechanisms for the automatization of cognitive skills. In: ANDERSON, J.R. (Hrsg.): *Cognitive skills and their acquisition.* Hillsdale : Erlbaum, 1981

[Newell und Simon 1972] NEWELL, A. ; SIMON, H. A.: *Human problem solving.* Englewood Cliffs, NJ : Prentice-Hall, 1972

[Newell und Rosenbloom 1981] NEWELL, Allen ; ROSENBLOOM, Paul S.: Mechanisms of skill acquisition and the Law of Practice. In: ANDERSON, J.R. (Hrsg.): *Cognitive skills and their acquisition.* Hillsdale : Erlbaum, 1981

[Ohlsson 1984] OHLSSON, S.: Restrukturing revisited: I. Summery and critique of the Gestalt theory of problem solving. In: *Scandinavian Journal of Psychology* 25 (1984), S. 65–78

[Palmeri 1997] PALMERI, T. J.: Exemplar similarity and the development of automaticity. In: *Journal of Experimental Psychology: Learning, Memory and Cognition* 23 (1997), S. 324–354

[Pawlowsky 1992] PAWLOWSKY, P.: Betriebliche Qualifikationsstrategien und organisationales Lernen. In: STAEHLE, W. H. (Hrsg.) ; CONRAD, P. (Hrsg.): *Managementforschung 2*. Berlin, New York : de Gruyter, 1992

[Pfaff und Pfeiffer 2001] PFAFF, D. ; PFEIFFER, Th.: Controlling. In: JOST, P.-J. (Hrsg.): *Die Prinzipal-Agenten-Theorie in der Betriebswirtschaftslehre*. Stuttgart : Schäffer-Poeschel, 2001

[Pfeiffer 1997] PFEIFFER, Th.: *Innerbetriebliche Verrechnungspreisbildung bei dezentralen Entscheidungsstrukturen*. Heidelberg : Physica-Verlag, 1997

[Prinz und Müsseler 2002] PRINZ, Wolfgang ; MÜSSELER, Jochen: Einleitung: Psychologie als Wissenschaft. In: MÜSSELER, J. (Hrsg.) ; PRINZ, W. (Hrsg.): *Allgemeine Psychologie*. Berlin : Spektrum, 2002

[Rees 1985] REES, R.: The Theory of Principal and Agent: Part I. In: *Bulletin of Economic Research* 37 (1985), S. 3–26

[Rickard 1997] RICKARD, T. C.: Bending the power law: A CMPL theory of strategy shifts and the automatization of cognitive skills. In: *Journal of Experimental Psychology: Learning, Memory and Cognition* 23 (1997), S. 288–311

[Roski 1984] ROSKI, R.: Das Maximumprinzip von Pontrjagin. In: *WiSt* 13 (1984), S. 515

[Schneider 1965] SCHNEIDER, D.: Lernkurven und ihre Bedeutung für Produktionsplanung und Kostentheorie. In: *Zeitschrift für betriebswirtschaftliche Forschung* 6 (1965), S. 501–515

[Schweizer 1999] SCHWEIZER, U.: *Vertragstheorie*. Tübingen : Mohr Siebeck, 1999

[Snoddy 1926] SNODDY, G. S.: Learning and stability. In: *Journal of Applied Psychology* 10 (1926), S. 1–36

[Spremann 1987] SPREMANN, K.: Agent and Principal. In: BAMBERG, G. (Hrsg.) ; SPREMANN, K. (Hrsg.): *Agency Theory, Information, and Incentives*. Berlin : Springer-Verlag, 1987

[Staehle 1999] STAEHLE, W. H.: *Management.* München : Verlag Franz Vahlen, 1999

[Wagenhofer und Ewert 1993a] WAGENHOFER, A. ; EWERT, R.: Linearität und Optimalität in ökonomischen Agency Modellen. In: *Zeitschrift für Betriebswirtschaft* 63 (1993), S. 373–391

[Wagenhofer und Ewert 1993b] WAGENHOFER, A. ; EWERT, R.: Linearität und Optimalität in ökonomischen Agency Modellen (Erwiderung). In: *Zeitschrift für Betriebswirtschaft* 63 (1993), S. 1077–1079

[Waterworth 2000] WATERWORTH, Ch. J.: Relearning the Learning Curve: A review of the derivation and applications of the Learning-Curve theory. In: *Project Manager Journal* 31 (2000), S. 24–31

[Weiser 1996] WEISER, Ch.: *Zur Fundierung und Streuerung der Lernkurve.* Bonn : Unveröffentlichte Habil.-Schrift, 1996

[Werkmeister 2000] WERKMEISTER, C.: Periodenbezogene Produktionsprogrammplanung bei betrieblichem Lernen. In: *Zeitschrift für Betriebswirtschaft* 70 (2000), S. 163–186

[Wiese 2003] WIESE, J.: Zur theoretischen Fundierung der Sicherheitsäquivalentmethode und des Begriffs der Risikoauflösung bei der Unternehmensbewertung. In: *Zeitschrift für betriebswirtschaftliche Forschung* 55 (2003), S. 287–305

[Wolfstetter 1999] WOLFSTETTER, E.: *Topics in Microeconomics.* Cambridge : Cambridge University Press, 1999

[Wright 1936] WRIGHT, T. P.: Factors affecting the cost of airplanes. In: *Journal of Aeronautical Sciences* 3 (1936), S. 122–128

[Yelle 1979] YELLE, L. E.: The learning curve: Historical Review and comprehensive Survey. In: *Decision Sciences* 10 (1979), S. 302–328

[Zimbardo 1995] ZIMBARDO, Philip G.: *Psychologie.* 6. Berlin : Springer-Verlag, 1995

FSC
www.fsc.org
MIX
Papier | Fördert
gute Waldnutzung
FSC® C083411

Kolibri 360 GmbH
Ferdinand-Jühlke-Straße 7
99095 Erfurt, Deutschland
produktsicherheit@kolibri360.de